Der Herzberater

Ruediger Schache

Der Herz Berater

nymphenburger

Weitere Informationen zum Autor
finden Sie unter
www.ruedigerschache.de

Schutzumschlag: atelier-sanna.com
Herzmotiv: Dana Sitarzewski
Satz, Layout und Composing: Grafikdesign Ulrike Storch, Rosenheim
Bilder innen: Fotolia
Gesetzt aus 11/13,6 pt Eidetic Neo
Druck und Binden: GGP Media GmbH, Pößneck
Printed in Germany
ISBN 978-3-485-01336-9

www.nymphenburger-verlag.de

Das Geheimnis in Ihrem Herzen
6

Die erste Erkenntnis
Die Befreiung der Herzenskräfte
11

Die zweite Erkenntnis
Das Gleichgewicht der Lebenswaage
51

Die dritte Erkenntnis
Der Fluss aus Gelegenheiten
71

Die vierte Erkenntnis
Das unsichtbare Netz
87

Die fünfte Erkenntnis
Die vertauschten Plätze
101

Die sechste Erkenntnis
Die Wirkung aller Dinge
117

Die siebte Erkenntnis
Das Herzensbekenntnis
135

Das Geheimnis in Ihrem Herzen

Sie gestalten täglich Ihr Leben und Ihre Beziehungen und setzen dabei eine Vielzahl von Fähigkeiten und Kräften ein. Diese Kräfte wirken hinaus in die Welt, berühren Menschen und setzen Ereignisse in Bewegung. Viele dieser Fähigkeiten verwenden Sie schon immer, andere haben Sie im Laufe der Zeit entdeckt und hinzugelernt. Die stärksten jedoch brachten Sie von Anfang an mit in dieses Leben. Es sind Ihre Herzenskräfte. In Ihrem Herzen befindet sich der Ort Ihrer Liebe, der Freude und der glücklichen Gefühle. Hier ist der Ort der tiefen Verbindung mit anderen Menschen. Mit Ihrem Herzen fühlen Sie Trost, Hoffnung oder Geborgenheit - selbst wenn die Welt dort draußen sie Ihnen verweigert.

Wenn Sie Fragen zum Sinn Ihres Lebens, zu Liebe, Glück und Erfüllung haben, sind es nicht fremde Antworten, Gedanken und Erklärungen, die Ihnen wirklich weiterhelfen. Es ist das Gefühl von Richtigkeit und Vollkommenheit, das Sie in Ihrem Herzen spüren.

In diesem Zentrum von allem, was Sie als Mensch und Seele sind, verbirgt sich ein großes Geheimnis. Sehr viele Menschen haben mein Buch »Das Geheimnis des Herzmagneten« gelesen, in dem es vor allem darum ging, wie bestimmte Kräfte und Ereignisse in Ihrem Inneren und aus Ihrer Vergangenheit bestimmte Ereignisse und Menschen im Hier und Jetzt anziehen. Für all diejenigen, die das Buch nicht gelesen haben oder sich nicht mehr so genau erinnern, fasse ich diese zehn Geheimnisse noch einmal kurz zusammen.

1. **Anziehung:** Niemand kommt durch Zufall in Ihr Leben. Jeder, der kommt, wird von etwas angezogen, das in Ihrer Ausstrahlung enthalten ist.
2. **Der Spiegel:** Wen oder was Sie in Ihrem Leben anziehen, zeigt Ihnen, was Sie verändern können, um sich klarer auszurichten.
3. **Klarheit:** Ihre unmissverständliche Ausrichtung ordnet das Chaos der Möglichkeiten um Sie herum und zieht die Ereignisse und Menschen heraus, die zu Ihnen passen.
4. **Die eigene Quelle:** Wenn Sie etwas suchen und dabei Mangel empfinden, könnte diese Sichtweise der Welt signalisieren, weitere dazu passende Ereignisse anzuziehen. Wenn Sie hingegen Ihre eigene Quelle für positive Gefühle entdecken, verschwinden die Mangelerlebnisse und Ihre Realität verändert sich.
5. **Die Macht der Symbole:** Gegenstände oder Erlebnisse, die man innerlich mit Erinnerungen und Gefühlen der eigenen Vergangenheit verknüpft hat, reproduzieren diese Vergangenheit, solange man die Symbole im eigenen Leben belässt.
6. **Die selbsterfüllende Prophezeiung:** Was immer man über einen anderen Menschen oder über das Leben glaubt oder befürchtet, wird eintreten, wenn man nur

lange genug daran festhält. Solche inneren Prophezeiungen zu entdecken, verändert augenblicklich die eigene Ausstrahlung und es werden künftig andere Ereignisse und Menschen angezogen.

7. **Selbstliebe:** Liebe ist die stärkste Kraft im Leben. Doch »sich selbst« lieben zu müssen ist ein Irrtum. Der Verstand ist nicht die Quelle von Liebe und der unerfüllbare Auftrag »Liebe dich selbst« ist dem Verstand unmöglich. Es führt am Ende nur zu noch mehr Frustration und Leid. Die Liebe entsteht in Wahrheit völlig von selbst, wenn die Ablehnung verschwindet. Und darauf kann man aktiv Einfluss nehmen.
8. **Der innere Raum:** Gefühle von Mangel können sich in Gefühle von »Bereitsein« verändern, wenn Sie in sich selbst einen leeren Raum erzeugen, in den das Ersehnte hineingehört.
9. **Entschluss und Handeln:** Ihre Entscheidungen und Ihr entschlossenes Handeln vervielfältigen Ihre inneren Kräfte, damit sich in der Welt um Sie herum aktiv etwas verändert.
10. **Die Kraft der Gegenwart:** Sie sind nicht Ihre Vergangenheit. Sie sind immer nur das, was Sie in diesem Augenblick sind, tun, denken, fühlen. Mit diesem höheren Bewusstsein erzeugen Sie eine neue Realität um sich herum, die nicht einfach nur das Vergangene immer weiter fortsetzt.

Ihr Leben als Magnet

Die Geheimnisse enthüllen Ihnen vor allem die Kräfte in Ihnen selbst als Quelle von Ausstrahlung und Anziehung für Menschen und Ereignisse. Viele haben mit den Geheimnissen des Herzmagneten gearbeitet und sich aktiv mit den Kräften in ihrem Inneren beschäftigt. Dabei erlebten sie deutliche Erkenntnisse und positive Veränderungen. Gleichzeitig mit diesen positiv erlebten Kräften tauchten jedoch auch Widerstände und Gegenkräfte auf, die es schwer machten, das ins Leben zu ziehen, was man sich in seinem Herzen ersehnte.

Aus diesem Grund habe ich mich entschlossen, dieses Buch zu schreiben. Der Fokus liegt hier nicht auf den Kräften in Ihrem Inneren, sondern auf den Kräften im Außen. Innen und Außen sind in Wahrheit nie getrennt. Wenn wir das Außen genau betrachten, erfahren wir deshalb auch viel über uns selbst. Wenn wir die Kräfte im Außen verändern, verändern wir auch unser Inneres und schaffen unseren Seelenwünschen einen Raum der Entfaltung.

Im Fluss Ihres Lebens gibt es ganz bestimmte Schlüsselhandlungen und von Ihnen geschaffene Umgebungsbedingungen, die eine deutliche Wirkung darauf haben, wen oder was Sie in Ihrem Leben anziehen oder nicht. Sie sitzen sozusagen direkt vor einer Reihe von feinen Stellschrauben und Hebeln, die Sie justieren können. Wenn Sie also eine bestimmte Kraft an Ihrem »Lebensmagneten« verändern, werden sich als Folge darauf die kommenden Ereignisse verändern.

Die Erkenntnisse Ihres Herzens

Herauszufinden, wie man den Verlauf des eigenen Lebens durch ganz bestimmte Veränderungen bewusst »justieren« kann, ist für viele Menschen eine fast schon mystische Erfahrung, denn dem ersten Anschein nach hat so manche Aktion mit dem späteren Ergebnis kaum einen erkennbaren Zusammenhang. Und dennoch tritt die Veränderung in der Praxis ein, sobald man an der Stellschraube dreht.

Solche unsichtbaren Verbindungen zwischen dem, was man tut, und dem, was daraufhin geschieht, sind für den Verstand auf Anhieb erst einmal schwer zu verstehen. Das Herz hingegen erkennt die Verbindung sofort. Man sagt dann vielleicht, man hätte es bereits vorher gewusst oder geahnt. Oder man spürt tiefe Dankbarkeit, Liebe oder Glücksgefühle. Im Herzbereich findet das spontane Erkennen der Zusammenhänge statt, die der Verstand oft erst später begreift. Solche zunächst kaum erklärbaren und dennoch ohne Zweifel erlebten Zusammenhänge nennt man auch Synchronizität oder Fügung oder einfach *Wunder.* Darum, wie Sie solche wundervollen, erfüllenden und sinngebenden Ereignisse in Ihrem Leben ganz bewusst aktivieren können, geht es in diesem Buch.

Viel Freude und Erfolg beim Entdecken,
Verändern und Erleben!

Die Befreiung der Herzenskräfte

Die 1. Erkenntnis

Jeder Ihrer Wünsche
löst positive Gefühle in Ihnen aus
und innere Gegenspieler.
Der Ausgleich dieser Gegenspieler
ist der Schlüssel zur Befreiung
Ihrer vollen Herzenskraft.

Wann ist ein Leben erfüllt? Wann ist ein Mensch wirklich glücklich? Wenn alle materiellen Wünsche erfüllt sind? Wenn die »richtige Beziehung« gefunden wurde? Wenn der Sinn des eigenen Lebens erkannt wurde? Darüber wird viel diskutiert, denn dieselbe Situation, die den einen überglücklich machen kann, ist für einen anderen vielleicht der reine Albtraum. Wenn man die Frage nach dem Glück auf diese Weise angeht, wird man kein für jeden geltendes »Glücksrezept« finden. Dennoch gibt es ein für alle Menschen geltendes Grundgesetz zum Thema Glück und Erfüllung. Es lautet: »Der Zustand von Glück wird automatisch eintreten, wenn das Unglück und das Leid verschwinden.« Immer wenn Sie also etwas, was Ihnen Unglück bereitet, entfernen, werden Sie glücklicher werden. Dieser scheinbar kleine Wechsel in der Sichtweise kann eine große Auswirkung auf Ihr Leben haben.

Die Befreiung aus den Gegenkräften

Nichts in Ihrem Leben geschieht aus Zufall. Alle Ereignisse oder auch das Nichteintreten von Ereignissen folgen ganz konkreten und klaren Gesetzmäßigkeiten, die mit Ihrem Gesamtsystem als Mensch zu tun haben. Innerhalb Ihres gesamten Systems hat das, was Sie sich wünschen und was Ihre Seele sich ersehnt, eine große Kraft. Sie können das selbst immer wieder deutlich spüren, weil diese Wünsche und Sehnsüchte Sie nicht loslassen. Sie fordern Ihre Kraft und Aufmerksamkeit, treiben Sie voran und geben Ihnen Richtung und Sinn. Manchmal erfüllt sich ein Wunsch sogar scheinbar ohne weiteres Zutun, nur weil man es sich intensiv wünscht.

In anderen Situationen kann man machen, was man will, und die Erfüllung will einfach nicht eintreten. Und in vielen Fällen, in denen Menschen auf ein großes Lebensglück zurückblicken, berichten sie davon, dass sie zuvor nicht darauf gewartet, sich entsprechend ausgerichtet oder auf spezielle Art gewünscht haben, sondern eher eine anstrengende Phase durchleben mussten.

Ob und wann ein Wunsch sich erfüllt oder nicht, liegt, wie Sie vielleicht schon erlebt haben, nicht ganz allein an Ihnen selbst. Einen zusätzlichen starken Einfluss auf dem Weg zu einem erfüllenden Leben haben die inneren und äußeren Kräfte, die Ihren Herzensweg fördern oder behindern. Immer, wenn Sie eine solche behindernde »Gegenkraft« erkennen und beseitigen, wird ein bislang vielleicht mühevoller Weg plötzlich deutlich freier.

Cornelias größter Wunsch

Cornelia hatte bis zu Ihrem zweiunddreißigsten Lebensjahr nicht gerade das, was man ein glückliches Leben nennen würde. Ihr Vater hatte seine Frau neun Jahre lang fast wie eine Leibeigene behandelt und sich anschließend mit einer anderen ein neues Leben aufgebaut. So begann für Cornelia nach der harten Zeit mit Vater eine harte Zeit ohne Vater. Ihre Mutter musste nun ganztags arbeiten und Cornelia verdiente sich immer nach der Schule mit kleinen Arbeiten etwas zu ihrem Taschengeld dazu. Sie wurde größer und nach der Schule kamen Berufsschule und eine erste Anstellung in der Auftragsbearbeitung eines Pharmaunternehmens. Beruflich war sie einigermaßen zufrieden, doch privat hatte Cornelia bislang, ganz wie ihre Mutter, nur Männer angezogen, die irgendwann damit anfingen, über sie zu bestimmen und zu verfügen, als wäre sie eine Art Haustier, das man zu erziehen hatte.

Cornelia wusste nicht, was sie falsch machte, um so behandelt zu werden. Sie gab all ihre Liebe und Nähe und Fürsorge. Sie tat ihrer Meinung nach wirklich alles, damit eine Beziehung auch nach der ersten Verliebtheit im Alltag weiter funktionieren konnte. Doch immer war es das Gleiche: Sie wurde nicht gesehen und was immer sie auch einbrachte, wurde nicht geschätzt.

Immerhin hatte sie bereits erkannt, dass ihre Beziehungen zu Männern die Beziehung ihrer eigenen Eltern widerspiegelten. Die Männer behandelten Cornelia genau so, wie ihr Vater ihre Mutter behandelt hatte. Doch weiter kam sie nicht mit ihren Überlegungen, sie hatte keine Ahnung, wie sie aus diesem Rad herauskommen sollte.

Eines Tages erfuhr Cornelia davon, dass man seine Ausstrahlung und damit seine Anziehungswirkung mithilfe bestimmter Gedanken, Vorstellungen und Gefühle verändern könnte. Darin erkannte sie ihre große Chance. Sie besuchte einige Veranstaltungen, tauschte sich mit Gleichgesinnten aus und bildete sich bald eine eigene Meinung über das Thema der »selbst erschaffenen

Realität«. Sie probierte einige Methoden aus, die ihr besonders Spaß machten. Ein Erfolg trat besonders schnell ein: Sie fühlte sich nicht mehr so machtlos und minderwertig. Monat für Monat wuchs Cornelias Selbstvertrauen darüber, die Schöpferin der eigenen Realität zu sein. Ihre gesamte Gefühlslage verbesserte sich deutlich und sie erlebte ganz praktisch, dass sie in der Lage war, eine positive Lebenseinstellung selbst herbeizuführen, wenn sie mit ihren Übungen am Ball blieb.

Immer wieder traf sie zwischendurch Männer und bei jedem Date verspürte sie mehr Selbstvertrauen. Nach einiger Zeit hatte sie sogar zum ersten Mal das Gefühl, den Männern nicht mehr unterlegen, sondern sogar ein klein wenig überlegen zu sein. Das war eine völlig neue Erfahrung und sie war nicht schlecht.

Bald waren nach Cornelias erster großer Erkenntnis über das Erschaffen der eigenen Realität zwei Jahre vergangen. Ein passender und bleibender Partner war bislang trotz vieler Dates noch nicht aufgetaucht und auch beruflich hatte sich Cornelia nicht verändern können. Wenn sie ehrlich war, hatte ein Teil in Cornelia inzwischen schon ziemlich die Lust an neuen Dates verloren. Zwar zog sie inzwischen keine Männer mehr an, die über sie verfügen wollten, doch nun war eine andere gemeinsame Eigenschaft vorhanden, die sie ebenso wenig glücklich machte: Die »neuen Männer«, wie Cornelia sie für sich nannte, waren allesamt nicht mehr besonders männlich. Was die einen vorher zu viel an männlicher Machtausübung und bestimmenden Eigenschaften an den Tag gelegt hatten, schien den neuen Männern nun vollkommen abhandengekommen zu sein.

Es wirkte fast so, als gäbe es in Cornelias Welt nur die einen oder die anderen. Sie wusste um die Kraft der Gedanken und Gefühle und versuchte, sich immer wieder den idealen Mann lebhaft vorzustellen, damit die dazu passenden Gefühle auf Dauer wirken konnten. Doch die unglückseligen praktischen Erlebnisse ließen sich einfach nicht verleugnen.
Eine innere Stimme, die sich zunächst nur gelegentlich und vage in Cornelias Gedanken meldete, wurde immer vernehmlicher und mit ihr einher gingen unschöne Gefühle. »Es klappt nicht«, sagte die Stimme leise. »Du bist nicht stark genug, um die Energie aufrechtzuerhalten.« Cornelia mochte die Stimme nicht. Fast schien es ihr, als würde etwas Fremdes in ihrem Kopf sprechen, um ihr den Mut zu nehmen. Doch sie war nicht bereit, das neu gewonnene Lebensgefühl so einfach aufzugeben, und so hörte sie noch häufiger motivierende CDs und stellte sich immer öfter vor ihre Wunschbilderwand. Doch es war, als würde die Wirkung systematisch verblassen.
Der nächste Gedanke der scheinbar fremden Stimme in ihrem Kopf war: »Die ganze Sache funktioniert nicht. Vielleicht ist es alles nur eine Art Betrug und die anderen spielen ihre Erfolge beim Wünschen nur vor?«
Nach inzwischen vier Jahren kam Cornelia an der Wahrheit nicht vorbei, dass noch immer kein passender Mann auch nur in Reichweite war. Sie lebte weiterhin allein und alles, was sich verändert hatte, war die Tatsache, dass sie sich nun selbst einredete, dass sie genau das prima fand. Doch tief in ihrem Herzen fand sie es gar nicht prima. Cornelia wusste, dass man

nicht negativ denken sollte, in Wahrheit war sie jedoch frustriert und hatte sogar immer wieder Angst davor, eine Depression zu bekommen.

In dieser Verfassung lernte sie Arthur kennen, einen selbstständigen Unternehmensberater. Cornelia fand seine Klarheit und männliche Ausstrahlung sehr motivierend und anziehend. Arthur wusste, was er wollte, und er wusste, wie man seine Ziele erreichte. Ein männlicher Mann, ein wenig wie ein Fels in der Brandung aller Männer der letzten Jahre. Nach einigen Begegnungen war sich Cornelia fast sicher: Der Richtige war endlich gekommen. Arthur schien ihre Gefühle zu teilen, denn er wünschte sich eine gemeinsame Wohnung. Cornelia zögerte ein wenig, weil sie sich an das Zusammenleben ihrer Eltern erinnerte und wie sehr sie damals darunter gelitten hatte. Doch Arthur war beruflich viel auf Reisen und es würde bestimmt genügend Freiraum für beide bleiben. Also legten sie ihre Wohnungen zusammen, Cornelia ging weiter ihrem Beruf nach und Arthur war viel unterwegs.

Schon bald nach dem Zusammenzug lernte Cornelia eine wirklich schwierige Eigenschaft von Arthur kennen: seine Eifersucht. Weil er abends erst spät nach Hause kam und an manchen Wochenenden nicht bei Cornelia sein konnte, befürchtete Arthur, Cornelia würde hinter seinem Rücken andere Männer treffen. Cornelia sehnte sich so sehr danach, alles in ihrer Beziehung richtig zu machen, dass sie sich davon nicht entmutigen ließ. Sie wusste, dass jeder Mensch kleine Fehler und Verletzungen hat, und so beschwichtigte sie Arthur immer wieder und versuchte, ihm alles an Sicherheit und Vertrauen zu geben, was sie konnte. Doch die Eifersucht verschwand nicht und Cornelias Beteuerungen wirkten immer weniger. Bald begann Arthur damit, deutlich auszudrücken, was Cornelia in seiner Abwesenheit nicht tun sollte und was er sich stattdessen wünschte. Cornelia erinnerte sich an die Beziehung ihrer Eltern, wie alles geendet hatte, und dass sie es wirklich besser machen wollte. Sie hatte Verständnis für die Verletzungen und Verlustängste ihres Partners, die zu seiner Eifersucht und Bevormundung führten.

Cornelia gab sich viel Mühe, um die Beziehung am Funktionieren und Arthur in guter Stimmung zu halten. Doch es nützte nur wenig. Seine Eifersucht und Kontrollsucht ließen nicht nach und nach einem weiteren Jahr bemerkte Cornelia, dass nun fast alles genauso war, wie sie es damals bei ihren Eltern erlebt hatte.

Schließlich trennte sich Cornelia von Arthur und nahm sich wieder eine eigene Wohnung. Nachdem die Gefühle etwas zur Ruhe gekommen waren und sie wieder klar denken konnte, versuchte sie herauszubekommen, warum mit Arthur letztlich genau das eingetreten war, was sie mit all ihrem Wissen und ihrer Kraft hatte vermeiden wollen. Dabei wurden ihr zwei Dinge deutlich bewusst: Sie kam aus der Beziehungsform, die sie bei ihren Eltern erlebt hatte, einfach nicht heraus. Und trotz all ihres angewendeten Wissens über die Kraft von Wünschen, Gedanken und Gefühlen hatte sie letztlich wieder einen Mann an-

gezogen, der ihr altes verstecktes Muster bedient hatte.
Das war der Moment, an dem Cornelia damit begann, nach den Gegenkräften zu ihren Wünschen zu suchen.

Die Gegenkräfte der eigenen Wünsche

Manchmal geht etwas ganz leicht, manchmal klappt es scheinbar gar nicht und in vielen Fällen braucht es einiges an persönlichem Engagement, damit ein Wunsch tatsächlich Realität wird. Vielleicht erlebt man innere Widerstände, die einen - ganz gleich, wie sehr man sich bemüht - fast wie in einer Wolke aus Trägheit gefangen halten oder ungeschickt handeln lassen. Wenn man handelt, erlebt man auch oft das deutliche Gefühl von »Gegenwind« oder Widerstand in der Realität, fast so, als würde man mit all seinen Ideen und Bemühungen immer wieder gegen unsichtbare Wände laufen. Es lohnt sich, diese Gegenkräfte zu den eigenen Wünschen und Sehnsüchten näher anzusehen. Wenn Sie nur eine davon erkennen und auflösen können, wird es in Ihrem Leben einen spürbaren Ruck nach vorn geben. Falls Sie im Laufe der Zeit mehrere davon finden und auflösen, werden sich scheinbare Zufälle und Fügungen aneinanderreihen wie eine Perlenkette aus unerklärlichen Wundern.
Die Kräfte, die hinter diesen Wundern wirken, kommen aus Ihrem Herzen und Ihrer Seele und sie können sich umso mehr entfalten, je geschickter Sie Ihr Leben und Ihr Umfeld dafür gestalten.

»In dem Augenblick,
in dem man sich endgültig einer Aufgabe verschreibt,
bewegt sich die Vorsehung auch.
Alle möglichen Dinge, die sonst nie geschehen wären,
geschehen, um einem zu helfen.
Ein ganzer Strom von Ereignissen
wird in Gang gesetzt durch die Entscheidung
und er sorgt zu den eigenen Gunsten
für zahlreiche unvorhergesehene Zufälle,
Begegnungen und materielle Hilfen,
die sich kein Mensch je so erträumt haben könnte.
Was immer du kannst,
ob groß oder klein, beginne es.
Kühnheit trägt Genius, Macht und Magie.
Beginne jetzt!«

Johann Wolfgang von Goethe
deutscher Dichter
* 28. 08. 1749 in Frankfurt am Main † 22. 03. 1832 in Weimar

Der Weg der Wünsche

Ein Wunsch oder eine große Sehnsucht ist immer der Beginn einer Suche und der darauf folgenden Veränderung. Um zu verstehen, wie die Kräfte auf dem Weg zur Erfüllung wirken, sehen wir uns als Erstes den Weg eines Wunsches genauer an.

Schritt 1: Ihr Wunsch als Funke

Wenn Sie etwas sehr wollen, wie zum Beispiel einen passenden Partner oder eine Verbesserung in Ihrer Beziehung, und dies nicht eintritt, können Sie sich einer Sache vollkommen sicher sein: Es liegt niemals daran, dass Sie »falsch wünschen«. Eine intensive Sehnsucht oder ein Herzenswunsch entspringt Ihrer Seele und kein Wunsch der Seele beinhaltet Fehler.

Das Gefühl, etwas würde nicht richtig ablaufen, kann jedoch entstehen, wenn man den Wunsch und das »richtige Wünschen« bereits als das Ende der Reise ansieht. Ihre Wünsche und Sehnsüchte sind in Wahrheit die Zündfunken für das Feuer Ihres Lebens, nicht das Feuer selbst. Wenn Sie einen solchen Zündfunken in sich erkennen, geht es nicht darum, sich mit dem Zündfunken zu beschäftigen, sondern aufzustehen und Feuerholz zu holen, sodass er sich ausbreiten kann. Ein Wunsch wird Ihnen von Ihrer Seele oder Ihrem Herzen nicht gegeben, um sich damit zu beschäftigen, ihn weiterhin zu wünschen. Ein Wunsch kommt, damit Sie ihm folgen.

Schritt 2: Ihr Bekenntnis als Fundament

Wenn Sie einen Wunsch in sich spüren und ihn klar erkennen und formulieren können, ist der nächste Schritt noch *nicht* Ihr praktisches Handeln. Das folgt erst an dritter Stelle. Der nächste Schritt nach einer erkannten Sehnsucht ist Ihr »Herzensbekenntnis«.

Sich zu etwas zu bekennen hat eine enorme Kraft. Dabei gibt es Lippenbekenntnisse und es gibt Herzensbekenntnisse. Lippenbekenntnisse in Form von Worten, Vorsätzen oder Gedanken allein haben so gut wie keine Wirkung. Herzensbekenntnisse hingegen werden in Ihrem Leben große Kräfte freisetzen, weil sie immer gleichzeitig Veränderungen einfordern. Wenn Sie ein Herzensbekenntnis abgegeben haben, wird dieses sozusagen auf den »Großen Prüfstand« gestellt und Sie werden gefragt: »Was bist du bereit dafür zu geben? Was setzt du ein? Was bist du bereit loszulassen?« Ein Herzensbekenntnis beinhaltet immer die Bereitschaft, etwas wirklich grundlegend zu verändern, falls dies nötig sein sollte.

Schritt 3: Ihr Handeln als Signal

Sie bekennen sich aus Ihrem Herzen heraus, einer großen Sehnsucht zu folgen, was immer auch kommen möge. Anschließend beginnen Sie tatkräftig und gezielt mit der Umsetzung. Dieses praktische Handeln ist der Schritt, mit dem Sie Ihren inneren Impuls nach draußen in die Welt schicken.

Dabei ist es nicht wichtig, ob Sie sicher wissen, dass genau dieses Handeln den Erfolg bringen wird. Wichtig

ist, dass Sie, Ihrem Bekenntnis folgend, in Bewegung kommen. Der Große Prüfstand fragt Sie also sozusagen: »Handelst du bereits oder zögerst du weiterhin?«

Schritt 4: Ihre Reaktionen auf die Prüfungen als Vertiefung

Wenn Sie mit dem Handeln begonnen haben, werden Ihnen Prüfungen begegnen. Zum Beispiel werden Sie schnell einige Schritte vorankommen und dann auf Widerstände stoßen - ein wenig so, als hätte Ihnen jemand unsichtbare Wände in den Weg gestellt. Diese Wände dienen weder Ihrer Abwehr noch der Bestrafung oder Demotivation. Sie sind Prüfungen Ihres Herzensbekenntnisses. Es ist, als würde eine höhere Stelle Ihnen eine Schwierigkeit in den Weg legen und gleichzeitig fragen: »Und, gehst du immer noch weiter?« Nicht um es Ihnen schwer zu machen, sondern damit Sie innehalten, Ihr Herz erforschen und sich noch tiefer zu Ihrem Weg bekennen.

Es gibt viele Menschen, die sich so grundlegend zu einem Lebensziel oder ihren Werten bekennen, dass sie bereit sind, auf praktisch alles zu verzichten, falls ihr Ziel dies erfordern sollte. Sie selbst müssen nun nicht alles in Ihrem Leben weggeben oder auf alles verzichten. Doch Sie können sicher sein, dass Ihre großen unerfüllten Lebenswünsche auch jetzt in diesem Moment gerade auf einem Prüfstand stehen und auf eine Antwort von Ihnen warten.

Schritt 5: Ihr Einsatz als Opfergabe ans Universum

Wenn Sie seit Langem einen oder ein paar unerfüllte Wünsche haben, werden Sie sich wahrscheinlich bereits Gedanken darüber gemacht haben, was Sie verändern müssten. Diese Gedanken oder Gefühle haben wahrscheinlich damit zu tun, dass Sie etwas Altes aufgeben, loslassen oder aktiv aus Ihrem Leben entfernen müssten.

Falls ein Lebensthema gerade feststeckt, ist genau hier die unsichtbare Wand für Ihren nächsten Schritt. Noch intensiver, besser, motivierter oder anders zu wünschen hat keine Wirkung. Die Prüfung zu Ihrem Herzenswunsch liegt darin, genau das aufzugeben, was Sie gerade wie eine schwere Kugel am Bein spüren und dennoch nicht loslassen wollen.

So klar und einfach ist es. Und gleichzeitig so schwer.

Damit Ihnen das Erkennen und Ihre Entscheidungen leichter von der Hand gehen, erfahren Sie im Folgenden, welche Kräfte »gegen« Ihre Wünsche arbeiten könnten und wie Sie damit umgehen können.

»Und plötzlich weißt du:
Es ist Zeit, etwas Neues zu beginnen
und dem Zauber des Anfangs zu vertrauen.«

Meister Eckhart, Theologe und Philosoph
* um 1260 in Hochheim bei Gotha
† 1328 in Avignon

Die versteckten Gegenkräfte

Alle Kräfte im Universum sind miteinander verbunden. Im einfachsten Fall gibt es zu jeder Kraft, die Sie »aussenden«, immer eine genaue Gegenkraft. Stellen Sie sich ein Gewicht an einer Schnur vor. Wenn Sie dieses Pendel in eine Richtung anheben, arbeitet Ihre Willens- und Muskelkraft gegen die Schwerkraft der Erde. Das Gewicht wird so lange oben bleiben, bis Sie es loslassen. Vielleicht sind Sie ausdauernd und können es viele Stunden lang halten, doch irgendwann werden Sie müde und lassen es los. Und dann wird das Gewicht nicht einfach wieder zum Startpunkt zurückschwingen, es wird darüber hinaus in die Gegenrichtung pendeln.

Doch keine Angst, Ihre Gedanken, Sehnsüchte und Wünsche allein setzen keine solche Pendelkraft in Bewegung. Solange Sie träumen, nachdenken und wünschen, sind Sie sozusagen in einer geschützten virtuellen Welt. Sie sind in der Architektenphase, nicht im praktischen Aufbau, denn Ihre Wünsche allein heben keinen Stein hoch, aus dem das Fundament zu einem Haus entstehen kann. Ihre Wünsche allein werden den passenden Partner oder einen beruflichen Erfolg nicht in Ihr Leben ziehen. Dafür müssen Sie vor die Tür gehen, sich zeigen und etwas tun. Erst Ihr entschlossenes Handeln bewegt den Stein oder führt den Erfolg herbei.

Sie tun also in Ihrer Wunschvorstellung so, als ob. Das ist die Wirkung für die »virtuelle«, die feinstoffliche Welt, das ist Ihre »Herzenskraft« oder Ihre »Seelenkraft«. Und dann handeln Sie engagiert und eindeutig danach, das ist die entscheidende menschliche Kraft, die das Ereignis in der materiellen Welt in Gang setzt.

Genau so ist es richtig, wenn Sie Erfolg möchten. Gleichzeitig werden Sie damit in der Welt der Pendel aktiv. Ihre Kräfte bewegen sich in Richtung Ihrer Ziele und Gegenkräfte werden berührt und bewegen sich nun ebenfalls.

Wenn Sie diesen Zusammenhang nicht kennen, könnten Sie sich wundern, dass sich nach Erfolgen irgendwann Stillstand oder Gegenwind zeigt, dass Ihre Euphorie immer wieder vom Leben gedämpft wird. Gerade dann, wenn die Dinge sich so gut anlassen, dass man vor Glück in die Luft springen könnte, zerbröckelt oft bald darauf die ganze Freude. Mit dem Wissen um die Gegenkräfte können Sie in scheinbarem Zufall oder Unglück ein System erkennen, auf das Sie einen Einfluss haben.

Kraft und Gegenkraft in Ihren Händen

Jede Ihrer Aktionen erzeugt Bewegung, in Ihnen selbst und im Außen. In dem Moment, in dem Sie eine Aktion beginnen, fangen auch die Gegenkräfte an zu wirken. Manchmal merken Sie das erst mit etwas Zeitverzögerung. Gegenkräfte sind trotz des Namens nicht »gegen« Sie. Sie sind weder »böse« noch strafend, auch wenn man es manchmal vielleicht so empfindet. Es sind einfach nur die natürlichen Bewegungen eines Pendels, mehr nicht. Dennoch sind

sie oft der Grund, warum so viele Menschen mit guten Ideen, Wünschen und Träumen immer wieder zögern oder sogar zu gehemmt sind, das zu tun, was ihnen wichtig ist.
Damit es Ihnen nicht so ergeht, ist es wichtig, die sich zeigenden Gegenkräfte in den Weg zu Ihren Wünschen und Zielen zu integrieren, anstatt ihr Spielball sein zu müssen. Wenn Sie sich klar ausrichten, bedeutet dies: Sie richten *alle* Kräfte aus, die in Ihrem Leben wirken, nicht nur die erkennbar schönen und zielführenden.
Es ist wie mit einem Auto, das im Sand festgefahren ist und sich nicht mehr bewegt. Immer mehr Gas zu geben nützt hier gar nichts, damit verschwenden Sie nur unnötig Energie, die Sie besser einsetzen können. »Gegen« den Sand, der Sie umgibt, kommen Sie mit Kraft und Ausdauer nicht an. Sie können sich jedoch seine Eigenschaften genau ansehen und sie sich zunutze machen. Statt weiter Gas zu geben, entfernen Sie vielleicht etwas von dem Sand vor Ihren Reifen, legen zwei lange Bretter darunter und kommen ganz leicht wieder in Fahrt.
Genauso verfahren Sie mit den Gegenkräften in Ihrem Leben: Es gilt, sie genau wahrzunehmen, richtige Strategien zu entwickeln und intelligent in das eigene Handeln einzubeziehen.

Das große Zögern

Sie haben eine neue Erkenntnis, fassen einen Entschluss und beginnen begeistert damit, etwas zu tun. Bald darauf liegen Sie abends im Bett und Zweifel melden sich. Oder Sie machen endlich einen lange fälligen Schritt und plötzlich bekommen Sie Angst vor Ihrer eigenen Courage. Sie treffen eine Entscheidung, beginnen mit der Umsetzung und an dem Punkt, an dem es wirklich spannend wird, weil etwas geschehen könnte, zucken Sie zurück und überdenken alles noch einmal. Oder Sie möchten etwas sehr gerne, aber dafür müssten Sie etwas anderes aufgeben und das fällt Ihnen so schwer, dass deshalb alles so bleibt, wie es ist. Wenn Sie sich in diesem ständigen Zögern gefangen fühlen, wirken die *inneren Gegenkräfte*. Sie sind wie Prüfungen in Ihnen selbst, ob Sie wirklich das tun werden, was Sie sich ersehnen, oder lieber im Alten verharren, weil es bekannt und scheinbar sicherer ist. Wegen ihrer Wirkungsweise nennt man die Gegenkräfte auch »innere Trägheitskräfte«. Wenn ein Mensch vom Typ her eher träge oder wenig selbstbewusst ist, werden diese Kräfte ihn eher hemmen als jemanden, der kraftvoll, motiviert und an Erfolg gewöhnt ist. Doch selbst wenn große Erfolge erlebt werden, wirken die Gegenkräfte mit. Sie können dies überprüfen, indem Sie das Leben erfolgreicher Menschen länger mitverfolgen. Die inneren Abstürze sind oft umso tiefer, je höher der Flug im Außen schon war. Diejenigen, die dauerhaft und gleichmäßig Erfolg haben, sehen die eigene Leistung und das eigene Leben eher nüchtern und gelassen. Sie haben eine klare Ausrichtung, sind immer wieder dankbar und betrachten Hindernisse und Widerstände als natürlichen Teil des Weges.

Wie Sie innere Gegenkräfte ausgleichen

Das Wesen eines jeden Menschen ist einzigartig und vielfältig. Gleichzeitig gibt es einige innere Vorgänge, die bei vielen Menschen fast völlig gleich ablaufen. Diese Tatsache können Sie nutzen, um Ihre eigene Klarheit, Ausrichtung und Anziehung zu unterstützen und nicht einer der Gegenkräfte in die Falle zu laufen.

Die erste Falle: »Wegsehen«

Wegsehen und Verdrängen finden statt, weil man etwas eventuell Unangenehmes nicht fühlen möchte. Vielleicht müsste man beim Hinsehen sein Leben ändern und das würde viel Mühe oder Loslassen bedeuten. Beides erzeugt unangenehme Gefühle und falls man darauf geschult wurde, möglichst nur angenehme Gefühle zu suchen, sitzt man in der Verdrängungsfalle. Man kann mit Wegsehen ganz gut funktionieren und überleben, doch wenn man leichter und glücklicher leben möchte, ist der Schlüssel das *Hinsehen*.

Die Wirkung von Wegsehen auf Ihren Herzmagneten

Menschen mit der Neigung zur Verdrängung ziehen entweder solche mit derselben Neigung an oder solche, die mit einem genau das machen, was man selbst verdrängen möchte. In der Praxis bedeutet dies: Wenn man selbst etwas Wesentliches verdrängt, wird man »Problemtypen« anziehen. Nicht als Strafe, sondern damit man die Chance bekommt, sein Thema anzusehen und zu wachsen. Sehr wahrscheinlich werden es Menschen sein, die sich übermäßig mit ihrer Arbeit ablenken, in der Freizeit praktisch immer Aktivitäten haben müssen und kaum oder gar nicht Raum für tiefe Gefühle zulassen. Oft werden Sie von diesen Menschen hören, sie bräuchten mehr Zeit, um ihre Gefühle zu klären, doch wenn Sie nachfragen, was sie wirklich machen, werden Sie feststellen: Sie lenken sich mit Arbeit oder anderen Aktivitäten ab.

Ohne Zeit und Raum für Gefühle kann keine Nähe und Liebe zwischen Menschen entstehen. Sollte Ihnen ein solches ablenkendes Verhalten anderer Menschen im Kontakt zu Ihnen als Wiederholung auffallen, so können Sie etwas tun: Sehen Sie bei sich selbst nach, bei welchem inneren Thema Sie seit Langem wegsehen. Wenn Sie dieses Thema angehen, um es in Balance zu bringen, werden Sie bald darauf andere Menschen und Situationen in Ihr Leben ziehen.

Das Wegsehen und was Sie praktisch tun können

1. Den entscheidenden Schritt üben

Wenn Sie Wasser lieben, gehen Sie in ein Schwimmbad und üben Sie das Hineinspringen. Erst vom Beckenrand, dann vom Einmeterbrett und irgendwann vielleicht sogar vom Dreimeterbrett. Springen Sie nicht »aktiv«, sondern lassen Sie sich hineinfallen. Die innere Schwelle, sich ins Wasser fallen zu lassen, ist sehr gut vergleichbar mit der Hemmschwelle, im Leben in eine neue Situation zu springen. Wenn Sie ins Wasser fal-

len, könnte das etwas wehtun. Auch das ist sehr gut. Üben Sie sich in der Erfahrung, dass so etwas Ihrem Körper letztlich überhaupt nichts ausmacht. Nur ein paar Sekunden von Schmerz, dann sind Sie leichter als zuvor. Falls Sie keine Wassernixe oder kein Neptun sind, gönnen Sie sich vielleicht einen Tandem-Fallschirmsprung oder irgendetwas anderes, bei dem Sie für sich über eine deutliche Angsthürde springen müssen. Am meisten nützt Ihnen, was Sie aus Bequemlichkeit eher nicht machen würden.

2. Hinsehen üben

Wir leben in einer Welt der Überinformation und die meisten Informationen sind negativ. Deshalb hat sich ein Großteil der Menschen unbewusst darauf konditioniert, schlechte Meldungen gefühlsmäßig zu verdrängen. Das ist eine Überlebensmaßnahme, denn würde man alles an sich heranlassen, könnte einen der Strudel an Negativinformation emotional fast verschlingen. Schlechte Informationen werden also aus dem Gefühlsleben verdrängt und dabei macht das Unterbewusstsein keinen Unterschied zwischen einer Zeitungsmeldung vom anderen Ende der Welt oder einer persönlichen Erinnerung oder einer aktuellen Lebenssituation. Doch wenn Sie einen Stachel in Ihrem Finger haben, wird dieser Stachel Sie immer behindern, selbst wenn Sie gelernt haben, ihn auszublenden.

Folgende Übung hat den Sinn, das automatische unbewusste Wegsehen zu unterbrechen: Sehen Sie bei einer selbst ausgewählten schlechten Meldung in den Medien kontrolliert und intensiv hin. Fühlen Sie, was in Ihnen geschieht, wenn Sie sich in diese Situation versetzen und vollkommen Anteil daran nehmen, als würde es Ihnen passieren. Erleben Sie, was dabei in Ihrem Gefühlsleben aufkommt und dass es auch wieder geht, so wie ein Klang, der ausklingt. Sie werden erleben, dass darin kein Problem liegt. Ein unschönes Gefühl kommt, wird gespürt und geht wieder. Sie müssen sich von solchen Meldungen natürlich keinesfalls füttern oder einfangen lassen. Sie nutzen die Möglichkeit nur gezielt und ganz bewusst, um zu wachsen.

Die zweite Falle:
Der Glaube an die höhere Belohnungsstelle

In den Tiefen des Unterbewusstseins versteckt, wirkt in vielen Menschen das Gefühl, es gäbe eine Art belohnenden oder strafenden Übervater, Gottvater oder eine ähnliche strukturierte Kraft. »Wenn ich alles richtig mache, werde ich am Ende dafür belohnt.« Dieses Gefühl ist Teil der eigenen Prägung im frühen Kindesalter. Natürlich ist es wundervoll, darauf zu achten, alles richtig zu machen und ein guter Mensch sein zu wollen. Eine innere Gegenkraft zu den eigenen Wünschen und Sehnsüchten entsteht nur dann, wenn ein Teil darauf wartet, für das Gutsein und Richtigmachen belohnt zu werden. So ein Belohnungsglaube kann dazu führen, dass man irgendwann aufhört, seinen Weg weiterzuverfolgen, und erst einmal abwartet, was der »große Chef« wohl zu den bisherigen Leistungen sagt. Falls man keine zügigen Antworten in Form von Lebensglück

oder sichtbaren Belohnungen erhält, kann es sein, dass man weiter wartet, zögert und dabei mehr und mehr seine Kraft und Eigenverantwortung verliert oder aufgibt.

Die Wirkung von Belohnungsglaube auf Ihren Herzmagneten

Wenn Sie etwas tun und daran glauben, von einer höheren Stelle dafür belohnt zu werden, und dies tritt nicht rechtzeitig ein, beginnen schrittweise die Gegengefühle aktiv zu werden. Dann melden sich Zweifel, Unsicherheit, Angst, Minderwertigkeitsgefühle, das Gefühl, nicht geliebt zu werden, nicht gut genug zu sein und so weiter. Diese Gefühle prägen Ihre Ausstrahlung. Sie werden Menschen anziehen, die entweder ähnlich ticken wie Sie, oder solche, die auf jemanden in diesem Zustand gewartet haben, um Macht auszuüben.

Belohnungsglaube und was Sie praktisch tun können

Hinsehen: Als Erstes prüfen Sie Ihr Innerstes: Glaubt ein Teil in Ihnen daran, irgendwann für gute Leistungen gesehen, anerkannt und belohnt zu werden? Das wäre ganz natürlich. Dieser Teil geht in eine Warteposition, sobald keine Belohnungen »von oben« eintreten. Damit wird der Glaube an eine Belohnungsstelle zu einer deutlich hemmenden Gegenkraft zu Ihren aktiven Wünschen und Lebenszielen.

Selbst der Chef werden: Sie können etwas, das ein Teil von Ihnen ist, nicht »wegmachen«. Sie können diesen Teil nur annehmen und lieben lernen. Wenn ein Teil in Ihnen Belohnung sucht, geben Sie ihm genau das. Sehen Sie sich selbst. Loben Sie sich selbst, geben Sie sich selbst Belohnungen in Form von kleinen oder größeren Geschenken. Solange Sie es gezielt und achtsam und nicht im Übermaß tun, ist das keine Verschwendung, sondern ein Beitrag, um die inneren Gegenkräfte zu beruhigen.

Zielerwartung gegen Erlebnis eintauschen: Erleben Sie, wie sich eine andere innere Grundhaltung anfühlt. Wie wäre es, wenn Sie das, was Sie tun, nur aus einem Grund machen: Weil es Ihnen Spaß macht, es zu tun, ganz gleich, was dabei herauskommt? Versuchen Sie zu fühlen, dass der Weg das eigentlich bereichernde Erlebnis ist, nicht das Ende des Weges.

Innerlich wachsen: Erweitern Sie Ihr Wissen über den Aufbau des Universums und der Kräfte, die darin wirken. Wenn man wächst und mehr über die großen Zusammenhänge versteht, erkennt man sehr bald, dass das eigene Verhalten immer Resonanzen im Außen erzeugt. Ein guter Mensch zu sein und anderen Gutes zu tun sind ganz sicher perfekte Lebensausrichtungen, um Glück und Erfüllung zu finden. Gerade weil dies ein hohes und edles Ziel darstellt, ist es sehr wichtig, auf diesem Herzensweg nicht auf eine ganz bestimmte Falle hereinzufallen ...

Die dritte Falle: »Gut-sein-Wollen«

Besonders wenn man unschöne Dinge in Beziehungen mit Eltern oder Partnern erlebt hat, kann sich daraus der gute Vorsatz entwickeln, es selbst im Leben besser machen zu wollen. Das ist eine wundervolle Lebensrichtlinie, denn so wird man aufmerksam und achtsam.

Nun gibt es eine Falle, in die viele Menschen mit diesem Vorsatz in winzigen Schritten unmerklich hineinrutschen: Ihre Sehnsucht nach Harmonie und danach, ein »guter« Mensch zu sein, kann so stark werden, dass aus der anfänglichen aufmerksamen Achtsamkeit eine fast unterwürfige »Artigkeit« wird. Und plötzlich ist man umgeben von Menschen, die einen ausnutzen und einem keine Luft zum Leben lassen.

Man wurde vielleicht ganz unabsichtlich und unbemerkt lieb und artig und brav. Doch lieb, artig und brav zu sein sind deutliche innere Gegenkräfte zu Ihrer Klarheit, Ausrichtung und einer zielstrebigen Umsetzung.

Die Wirkung von Gut-sein-Wollen auf Ihren Herzmagneten

Artige Menschen ziehen entweder ebenfalls artige (und dann leider als uninteressant empfundene) Menschen an oder solche, die ihre Gutmütigkeit über alle Grenzen hinaus ausnutzen.

1. *Ausnutzer:* Solche, die kommen, um sich Ihr Gutes zu holen. Sie werden ausgenutzt und bevormundet, solange Sie es mit sich machen lassen oder bis Sie keine Leistung mehr erbringen. Und dann werden Sie zurückgelassen.

2. *Langweiler:* Wenn ein Artiger einen anderen Artigen trifft, kann es sehr gut sein, dass sich beide als langweilig empfinden. In der Begegnung geschieht so wenig Neues, dass sich beide kaum Impulse geben und nicht aneinander wachsen können.
3. *Leidende:* Solche, die ebenfalls immer gut sein wollen, in der Hoffung, dies würde irgendwann belohnt werden. Und dabei werden sie immer wieder ausgenutzt und möchten nun bei Ihnen über die Ungerechtigkeit der Welt jammern.

Der Weg aus der Artigkeitsfalle

Falls Sie in der »Artigkeitsfalle« sitzen, kann Ihnen die folgende Übung helfen:
Finden Sie die Person heraus, der Sie es am meisten recht machen wollen. Es ist der Mensch, nach dessen Anerkennung Sie sich sehr sehnen und bei dem Sie gleichzeitig das Gefühl haben, nie wirklich so gesehen zu werden, wie Sie in Wahrheit sind. Vielleicht ist es Ihr Vater, ein Vorgesetzter, Ihr Partner, ein Geschwister oder ein Freund.
Wenn Sie zurückblicken, werden Sie bemerken, dass Ihre Gedanken seit Jahren immer wieder um diese Person kreisen und Sie sich vorstellen, was sie wohl über Sie sagen würde, wenn Sie diese oder jene Leistung vollbracht hätten. Falls Sie so etwas in Ihren inneren Fokus bekommen, haben Sie eine wichtige Gegenkraft für Ihr Leben entdeckt. Denn im Unterbewusstsein handelt ein Teil von Ihnen unbemerkt ständig danach, es dieser Person recht zu machen, um anerkannt zu werden. Als Folge sind Sie nicht frei. Ihre Ausstrahlung und Wirkung auf andere wird von diesem Thema und diesem Menschen deutlich mitbe-

stimmt. Falls es zum Beispiel ein Elternteil ist, werden andere unterbewusst fühlen, dass Sie es insgeheim »der Mama recht machen« oder dem Vater beweisen wollen. Damit haben Sie eine Ausstrahlung, die auf ganz bestimmte Charaktere interessant wirkt. Entweder werden Sie Beziehungspartner anziehen, die ein Eltern-Abhängigkeitsthema haben, oder solche, die Sie ständig »bemuttern« wollen oder sich wie Ihr Vater verhalten.

Zurück zu Ihrer Veränderung: Falls Sie eine Person herausgefunden und den Ablauf erkannt haben, müssen Sie ins praktische Handeln übergehen, sonst bleibt Ihre Erkenntnis ohne Wirkung. Einfach gesagt: Sie müssen komplett aufhören, es dieser Person recht zu machen. »Komplett« deshalb, weil es keine Kompromisse gibt, wenn Sie ein Muster unterbrechen wollen. Entweder Sie sprengen das Muster oder es wird per Umleitung weiter laufen und weiter Ihr Leben bestimmen.
Die Person, der Sie es am meisten recht machen oder beweisen wollen, hat den größten Einfluss auf Ihre Ausstrahlung, Ihre Anziehung und Ihr Leben. Um das Muster des »Rechtmachens« zu unterbrechen, müssen Sie nicht den Kontakt oder eine eventuelle Fürsorgepflicht abbrechen. Sie hören nur auf, auf die Meinung der Person Rücksicht zu nehmen. Sie hören damit auf, das sein zu wollen, wovon Sie glauben, dass es von Ihnen erwartet wird. In Wahrheit ist es für Ihr Glück vollkommen egal, was Ihr Vater, Ihre Mutter, Ihre Schwester oder sonst jemand über Ihr Leben denkt. Ihr Glück und wie Sie es erreichen ist allein Ihre Angelegenheit. Sie müssen nur sich selbst gegenüber Rechenschaft ablegen.

Es kann gut sein, dass Sie für diese Freiheit ein Opfer erbringen müssen. Vielleicht hat die Person, der Sie es immer recht machen wollten, etwas in der Hinterhand, auf das Sie hofften. Möglicherweise ein Erbe oder Gegenstände, die Ihnen zur Verfügung gestellt wurden, oder Leistungen, die sie Ihnen erbringt. Ihre Herzensentscheidung, notfalls auf jede Leistung von der anderen Person an Sie zu verzichten, ist Ihr Schlüssel zur Befreiung Ihres Lebens. Vielleicht fühlen Sie es jetzt schon: Man kann nicht halb in einem Gefängnis leben und halb frei sein.
Eine solche persönliche Entscheidung zu treffen bedeutet nicht Egoismus. Es bedeutet Freiheit und Liebe zum eigenen Leben. Es bedeutet, jedem die Verantwortung und alle Rechte für sein Leben zu überlassen und sich selbst die eigenen zurückzuholen. Wenn Sie sich befreien, könnte es sogar passieren, dass Sie gelegentlich etwas »unartig« werden. Schrecken Sie nicht davor zurück, auch das wird sich legen und Ihr Pendel wird seine Mittelstellung wieder finden.

»Wenn du kritisiert wirst,
dann musst du irgend etwas richtig machen.
Denn man greift nur denjenigen an,
der den Ball hat.«

Bruce Lee
Schauspieler und Kampfkünstler
* 27. 11. 1940 in San Francisco
† 20. 07. 1973 in Hongkong

Die vierte Falle: »Wunschglaube«

Wunschglaube ist die Idee einer endlosen, kostenlosen, nie versiegenden Quelle, die alleine auf die eigenen Wünsche reagiert. Es ist der Glaube, man müsste sich nicht anstrengen, nichts verändern, nichts loslassen und nichts Besonderes einbringen oder lernen und dennoch würde irgendwann alles Glück der Welt an die Tür klopfen. Ja, das Glück wird an Ihre Tür klopfen und Ihre Wünsche werden sich erfüllen. Doch ständig nur zu bekommen, ohne je zu geben, würde allen Gesetzen des Lebens und der Schöpfung widersprechen. Selbst wer scheinbar endlos bekommt, gibt auf einer Ebene, die Außenstehende vielleicht nicht sehen können. Die Waage aller Lebenskräfte ist am Ende immer im Gleichgewicht. Ein »isolierter« Wunschglaube könnte also

den Weg eines Menschen schwächen, sofern er sich allein aufs Wünschen verlässt. Ihre Wünsche im Team mit Ihren Taten und Gefühlen hingegen sind eine sehr starke Kraft.
Ideal wäre das Zusammenspiel Ihrer Kräfte in etwa so: Ihre Visionen und Vorstellungen wirken zunächst einmal auf Ihr *Gefühlsleben.* Praktisch gesagt, könnten Sie sich ins Bett legen, sich in schönen Gedanken üben und es werden schöne Gefühle kommen. Dabei geschieht oft eine Art kleines Wunder: Ihre »Sichtweise« ändert sich. Sie werden die Welt anders und wahrscheinlich angenehmer erleben. Doch das Leben selbst, das Einkommen, die täglichen Aufgaben, ungelöste Lebensthemen, eine berufliche Situation bleiben zunächst einmal vollkommen gleich. Nun ist es wichtig, nicht im Genuss der schönen Gefühle festhängen zu bleiben - so angenehm es auch wäre -, sondern diese Kraft zu nutzen, um mit Engagement und Handeln etwas zu verändern. Dann wird sich in der sichtbaren materiellen Welt ebenfalls schnell etwas bewegen.

Die Wirkung von Wunschglaube auf Ihren Herzmagneten

Würden Sie allein an die Kraft des Wünschens glauben und dabei das Geschenk der eigenen Verantwortung für Ihren Körper und Ihr Leben nicht achten, könnten Sie typischerweise ebensolche Menschen anziehen. Vielleicht würden ewige »Träumer« zu Ihnen kommen, die viel von Luftschlössern erzählen, aber kaum etwas davon auf die Erde bringen. Es können auch Menschen kommen, die Ihnen fast ein wenig religiös fanatisch erscheinen, und Sie mit ihrem Glauben missionieren wollen. Oder Ihr Magnet zieht Menschen an, die sich Ihr Leben schönreden, obwohl man deutlich erlebt, dass nichts davon im Hier und Jetzt so ist. An all dem ist überhaupt nichts Schlechtes. Mit diesen Menschen können Sie wunderbar gemeinsam träumen, spielen, Ideen entwickeln, Zukunftspläne schmieden und sich über Erkenntnisse des Schöpferseins austauschen. Dabei werden Sie viele gute Stimmungen erleben. Nur eines wäre vielleicht schade für Sie selbst: Wenn Sie in diesem Zustand schöner Gefühle einfach stehen bleiben würden, nur weil Ihnen jemand sagt, das würde genügen.

Was Sie praktisch tun können

Viele Menschen suchen als Erstes vor allem die guten Gefühle und in dem Moment, in dem diese Gefühle endlich eintreten, freuen sie sich so sehr darüber, dass sie vergessen, die Kraft darin praktisch zu nutzen. In den guten Gefühlen steckt viel mehr als nur die Augenblicke des Wohlbefindens. Gute Gefühle öffnen Ihnen einen Kanal, sie geben Ihnen Kraft und Richtung, um zu handeln. Sie bieten Ihnen große Chancen an, die Sie nicht einfach vorübergehen lassen sollten. Wenn gute Gefühle auftauchen, werden sie fast immer von Ideen begleitet, wie man sein Leben verändern könnte. Wenn das bei Ihnen vorkommt, dann beginnen Sie am besten augenblicklich mit der Umsetzung, ohne Aufschub. Nicht eine Stunde oder einen Tag oder eine Woche sollten Sie zögern, denn sonst wird die Kraft wieder verschwinden. Gute Gefühle sind ein Angebot von Ihrer Seele für eine Kooperation. Wenn Sie nicht zugreifen, schließt sich das Fenster wieder.

Es ist wie ein Baby, das sich meldet, damit Sie es in die Welt bringen.
Wenn Sie mit dem motivierten Umsetzen und Arbeiten an Ihrer Vision angefangen haben und nach einer Weile - sagen wir nach ein paar Tagen oder Wochen - noch kein Erfolg eingetreten ist, könnte eine weitere innere Gegenkraft zu wirken beginnen: die Komfortgefühle ...

»Sich selbst zu erkennen ist nicht nur die schwierigste Sache der Welt, sondern auch die unbequemste.«

George Bernard Shaw
irischer Dramatiker, Politiker und Satiriker
* 26. 07. 1856 in Dublin † 02. 11. 1950 in Ayot Saint Lawrence

Die fünfte Falle: »Komfortgefühle«

»Ach, so schlecht geht es mir doch gar nicht ...« Stabile Lebenssituationen, in denen man einigermaßen oder sogar gut versorgt ist, können unbemerkt zu blockierenden Komfortzonen werden. Komfortzonen sind eine der größten Gegenkräfte für den Weg zu einem erfüllenden Leben. »Ich hab doch eigentlich alles« oder

»Ich habe es warm und trocken und genug zu essen« sind schöne Erlebnisfenster auf dem Lebensweg und man sollte sie voll und ganz genießen. Doch irgendwann, wenn die Unerfülltheit oder Sinnfragen sich wieder melden, kann man genau hier nachsehen, ob man nicht aus Versehen in der Komfortfalle gelandet ist. Sie erkennen es daran, dass sich im Außen wenig verändert und Sie keine wirklich neuen Erfahrungen mehr machen.

Die Wirkung von Komfortgefühlen auf Ihren Herzmagneten

Wenn man selbst ein wenig in die Komfortfalle gerutscht ist, wird man erleben, wie bestimmte Typen von Menschen häufiger im Sichtfeld auftauchen als früher:

1. *Frustrierte:* Menschen, die vom Leben eher enttäuscht sind und die ihnen verbliebene Komfortzone kaum verlassen. Von diesen Personen werden Sie selten neue Impulse oder Anstöße bekommen, sich zu bewegen.
2. *Überhebliche:* Man kann nicht überheblich sein, wenn man allein ist. Überhebliche Menschen brauchen zwingend Menschen mit Minderwertigkeitsgefühlen, um mit diesen ihre scheinbare Verachtung oder geringe Wertschätzung durchspielen zu können.
3. *Heiler und Missionare:* Als Drittes wird Ihr Magnet wahrscheinlich solche anziehen, die an Ihnen alles ausprobieren wollen, was sie bisher über Erfolg und die Welt gelernt haben.

Was Sie praktisch tun können

Wenn einen Komfortgefühle gefangen halten, liegt der Weg der Befreiung darin, sie gegen alle scheinbar logischen Argumente zu durchbrechen. Dann brauchen Sie unbedingt neue Erfahrungen, für die Sie auch Mühe aufwenden müssen. Sie könnten auf verschiedene Arten versuchen, wie es ist, auf gewohnten Komfort verzichten, und dabei erleben, dass dies sehr erfüllend sein kann. Sie können sich schon vorab darauf vorbereiten, dass das Komfortgefühl nicht so leicht aufgibt. Es wird versuchen, Ihre Bemühungen mit Tricks zu verhindern. Vielleicht erzählt es Ihnen, dass jede Anstrengung Energie kostet und man seine Kraft für Wichtigeres schonen soll. Oder dass man es sich verdient hat, es sich möglichst gut gehen zu lassen. Oder dass man schon in anderen Bereichen genug leidet, da muss man sich wenigstens einen Rest an Komfort gönnen. So oder so ähnlich könnten die Gegenkräfte sich melden. Genau das stimmt aber nicht und Sie können den Trick nur auflösen, indem Sie bewusst in der Praxis neue Erfahrungen sammeln.

Reisen ohne Luxus: Sie könnten zum Beispiel bewusst komfortlos reisen, nur mit einem kleinen Rucksack, ohne Vorbuchungen und auf Ihren eigenen Beinen.

Helfen und arbeiten ohne Lohn: Sie könnten an einem gemeinnützigen Projekt mitwirken und erleben, wie anstrengende Arbeit, die nicht einmal einem selbst nützt, große Erfüllung geben kann.

Bewegen ohne Garantien: Statt zu Hause zu bleiben, könnten Sie die Mühe auf sich nehmen, zu einer entfernten Veranstaltung oder zu einem Ort zu reisen, wo Sie Neues für Ihr Leben erfahren könnten. Und wenn es fünfhundert Kilometer wären statt fünfzig, wäre das genau richtig, um der Komfortfalle zu zeigen, wer der wahre Chef in Ihrem Leben ist.

Neu anfangen statt wie gewohnt weitermachen: Statt bei einer langjährigen Fertigkeit von achtzig auf fünfundachtzig Prozent zu kommen, können Sie etwas ganz Neues ausprobieren. Wichtig dabei ist, dass Sie nicht der Stimme folgen, die Ihnen erzählen möchte: »Ich habe im Leben schon genug zu tun, genug Verantwortung, genug Unannehmlichkeiten.« Denn diese Stimme möchte nur eines erreichen: dass Sie alles lassen, wie es ist.

Nun kennen Sie die wichtigsten *inneren Gegenkräfte* und wenn Sie sich ehrlich beobachten, werden Sie auch Ihre geheimen Gegenspieler Ihrer Wünsche und Sehnsüchte finden. Jeder davon kann ein Grund dafür sein, dass eine Sehnsucht feststeckt. Selbst falls Sie nur einen einzigen Punkt für sich entdeckt haben, an dem Sie in die Praxis gehen könnten, um etwas zu verändern, sollten Sie genau jetzt damit beginnen, es umzusetzen.
Ein Tipp: Legen Sie ein Buch an und schreiben Sie unbedingt alles auf, was Sie erkennen. Denn die sechste große Gegenkraft in Ihrem Inneren ist *das Vergessen.* Immer wenn eine Erkenntnis in den Gedanken abgeschlossen ist, macht das Gehirn einen Haken dahinter und das nützt Ihnen in der Praxis nichts. Aufschreiben und immer wieder abgleichen, was praktisch umgesetzt ist, verhindert dieses Vergessen.

Ellen und die zeitlosen Männer

Ellen ist eine Frau, die mit beiden Beinen erfolgreich in einem eher typischen Männerberuf steht. Sie leitet ein angesehenes Autohaus und repräsentiert dabei zwei edle und teure Marken gegenüber den vorwiegend männlichen Kunden. Da sie selbst eine attraktive und erfolgreiche Frau ist, mangelt es ihr nicht daran, ebenso attraktive und erfolgreiche Männer anzuziehen. »Ich liebe Stil, Eleganz und beruflichen Erfolg«, erklärte sie gerne in Kundengesprächen. »Deshalb habe ich diesen Beruf gewählt.« Und deshalb liebte sie auch Männer, die ähnlich dachten. Doch glücklich wurde sie damit nicht und im Gespräch mit ihren Freundinnen kam sie immer wieder auf dasselbe Problem: »Zuerst versprechen sie mir das Blaue vom Himmel herunter und am Ende haben sie kaum Zeit für mich. Und wenn ich sie ein paarmal darauf anspreche, sind sie meistens ganz schnell weg.«

Ellen wusste ein wenig um die Gegenkräfte, aber sie fand nicht heraus, warum sie - fast einem Seriendruckprogramm folgend - immer wieder verlassen wurde. Eine auffällige Gemeinsamkeit, die sie erkannt hatte, war, dass sie für ihre Beziehungspartner immer nur als Affäre diente. Ellen forschte weiter in ihrem Inneren nach und stellte fest, dass Sie selbst anders gestrickt war. Sie spürte eine tiefe Sehnsucht nach einer festen Partnerschaft. Warum also zog sie dann nicht ebensolche Männer an?

Der Tag, an dem Ellen das Rätsel in sich lösen konnte, war der, an dem es mit einem ihrer Beziehungspartner zu einer laut-

starken Aussprache kam. Irgendwann fiel der Satz: »Was willst du eigentlich? Du hast doch selbst keine Zeit.«
In diesem Augenblick erkannte sie, was in ihrer Ausstrahlung so deutlich wirkte: Nicht ihr *Wunsch* nach bleibender Beziehung war die stärkste Anziehung gewesen, sondern wie sie in der Praxis *handelte*. Die ganze Art, wie ihr Leben ablief, wirkte viel stärker nach außen als ihre Sehnsucht nach Liebe und dauerhafter Verbindung. Da gab es ein paar abendliche Stunden pro Woche zu Hause, in denen sie ihre geheimen Wünsche fühlte, gegenüber all den anderen Stunden, in denen ihr Leben und Verhalten ganz entgegengesetzt verlief.
Nun stand Ellen vor einem Dilemma. Sie hatte sich zu einer verantwortungsvollen beruflichen Position hochgearbeitet und ihr ganzes Leben ordnete sich dieser Aufgabe unter. Weil sie keine Lösung fand, legte sie das Thema zwar innerlich wieder beiseite, doch nachdem sie einmal die Wahrheit gesehen hatte, versuchte Ellen ihren Beziehungspartnern gleich zu Beginn von ihrer »Entdeckung« zu berichten, in der Hoffnung, Ehrlichkeit würde den Kreislauf durchbrechen. Doch machte es keinen Unterschied: Am Ende war sie immer wieder nur die Affäre.
Offenbar stellte das Leben sie vor eine Entscheidung: Entweder sie würde etwas an ihrem Alltag verändern oder das alte leidvolle Programm würde ewig weiter ablaufen. Ellen brauchte viele Wochen, in denen sie alle Möglichkeiten immer wieder durchspielte. Schließlich kam sie auf eine Lösung, bei der sie etwas Großes loslassen musste. Sie gab ihren Vorgesetzten in der Zentrale bekannt, dass sie ihre Arbeit in Zukunft nur noch gut und engagiert machen könnte, wenn man ihr eine Assis-

tenz zur Verfügung stellte, sodass sie mindestens zwei freie Tage in der Woche haben konnte. Sie argumentierte überzeugend und warf ihren ganzen Wert für die Firma in die Waagschale. In den vielen Wochen, die der Klärungsprozess dauerte, ging es Ellen überhaupt nicht gut, denn die Angst, ihre Stelle zu verlieren, ließ sie kaum schlafen. Doch ihr Entschluss war reiflich überlegt: Sie würde lieber die Stelle verlieren, als am Ende ihres Lebens keine eigene Familie gehabt zu haben.
Nach einigen zermürbenden Monaten bekam Ellen eine Assistentin zugesprochen. Sie widmete sich von da an deutlich mehr dem Teil ihres Lebens, den sie lange vernachlässigt hatte: sich selbst. Einige Monate später begegnete ihr der Mann, mit dem sie heute zusammenlebt. Und sie hatten sich nicht im Autohaus getroffen, sondern auf einem Kochkurs.

Der Herzberater und die erste Erkenntnis

Ihre Wünsche sind starke Kräfte in Ihrem Leben. Sollten Sie das Gefühl haben, trotz klarer Vorstellungen und deutlicher Sehnsüchte nicht in die aktive Umsetzung und ins erfolgreiche Handeln zu kommen, behindern *innere Gegenkräfte* Ihren Weg. Dann liegt Ihre Aufgabe nicht darin, mit stärkerem, anderem oder besserem Wünschen gegen diese Kräfte anzugehen. Ihre Aufgabe besteht darin, die Gegenkräfte herauszufinden und ihnen die Wirkung zu nehmen.

Drei Erkenntnisse können Ihnen dabei weiterhelfen:

Inneren Gegenkräfte kommen Sie auf die Spur, wenn Sie Ihre eigenen Gedanken und Gefühle ehrlich wahrnehmen: »Ich kann das nicht. Es ist so weit weg. Es ist ziemlich teuer. Ich habe keine Zeit. Man braucht mich, deshalb geht es jetzt nicht. Wer weiß, ob das überhaupt funktionieren wird. Ich habe da auch schon Negatives gehört. Eigentlich geht es mir gut. Immerhin bin ich versorgt. Im Moment kann mir nichts passieren. Ich habe die Kraft nicht. Später vielleicht einmal. Lieber abwarten. Wenn es sein soll, kommt die Gelegenheit noch einmal ...«
Wenn Sie einen solchen Gedanken oder ein solches Gefühl entdeckt haben, holen Sie es an Licht! Drehen Sie den Gedanken vor Ihrem inneren Auge hin und her und fragen Sie sich: Stimmt das auch ganz sicher? Oder ist es eine Ausrede, damit alles bleibt, wie es ist?

Gehen Sie nicht *gegen* eine innere Kraft an, damit versorgen Sie diese nur mit noch mehr Energie. Da ist kein Feind, den Sie bekämpfen müssen, das sind nur Sie selbst als großes Menschenwesen mit all Ihren ganz normalen Eigenschaften. Folgen Sie dem, was Sie in sich als Widerstand entdecken, wie einem roten Faden bis zur Quelle. Dort können Sie es lösen. Allein durch das Licht, das Sie darauf werfen, setzen Sie die innere Heilung in Gang.

Motivation ist wichtig, um einen Impuls zum Handeln zu haben, aber Motivation allein ist nicht die Kraft, die das Universum bewegt. Belassen Sie es nicht beim Wünschen und beim Glauben. Sehen Sie sich genau die Punkte an, bei denen Sie nichts tun oder nur ungern etwas verändern möchten. Möglicherweise liegt genau dort Ihr Schlüssel für die nächsten wichtigen Schritte verborgen.

Das Gleichgewicht der Lebenswaage

Die 2. Erkenntnis

Jede Ihrer Handlungen
löst einen Impuls in Richtung Ihres Ziels aus
und stößt gleichzeitig eine Gegenkraft an.
Wenn Sie die Gegenbewegungen ausgleichen,
kann Ihre Herzenskraft
klar und deutlich wirken.

Wie jeder Flügelschlag eines Schmetterlings nicht nur ihn selbst voranbringt, sondern auch einen Windhauch erzeugt, so setzt Ihr zielstrebiges Handeln immer auch Nebenkräfte in Bewegung. Und wie beim Schmetterling kann es sein, dass Sie sich darüber nicht bewusst sind. Sie spüren diese Kräfte vielleicht erst dann, wenn sie Ihnen als Gegenwind begegnen. Dann erweckt es vielleicht den Eindruck, als würde die Welt Ihnen Widerstände von außen entgegensetzen. Wenn Sie jedoch einen Zusammenhang zwischen einem unerfüllten Wunsch und einer äußeren Gegenkraft entdecken, können Sie am richtigen Punkt handeln und den Weg für Ihren Lebensfluss frei machen.

Vom Gegenwind zum Rückenwind

Neben den fühlbaren Gegenkräften und Widerständen in Ihrem Inneren können Ihnen also auch ganz klare Gegenkräfte im Außen begegnen. Diese melden sich besonders dann, wenn Sie etwas Größeres oder für Sie Bedeutsames praktisch umsetzen möchten. Es ist der bekannte »Gegenwind« der Welt und er zeigt sich in zermürbenden Wiederholungsschleifen, Angriffen, Behinderungen, Zähflüssigkeit oder scheinbarem Stillstand. Wenn Sie so etwas erleben, erfahren Sie nicht Strafe oder Unglück, sondern zunächst einmal nur das natürliche Spiel der Kräfte.

Grundsätzlich reagieren die Kräfte in Ihrer Außenwelt immer auf die Kräfte Ihres Handelns. Doch der Zusammenhang zwischen dem, wie Sie handeln, und einer Reaktion, die Sie erleben, ist manchmal nicht so einfach zu erkennen. Oft wirkt Ihr Handeln sozusagen um mehrere Ecken herum, bis es auf eine Gegenkraft stößt, die dann aktiviert wird.

So könnte es beispielsweise sein, dass jemand mit den besten Absichten eine Hilfsorganisation gründen möchte und dabei nur auf Schwierigkeiten stößt. Oder dass Sie einen Menschen auf seinem Weg zu Wachstum und Liebe unterstützen möchten und je mehr Sie dies versuchen, desto stärker wird der Widerstand des anderen. Oder Sie kaufen ein neues Auto, über das Sie sich sehr freuen, und in den ersten Tagen oder Wochen haben Sie einen oder mehrere Schäden, obwohl Sie mit Ihrem alten Auto nie einen Schaden hatten. Oder Sie haben es besonders eilig und genau dann scheint alles besonders langsam und mit Hindernissen abzulaufen. Oder ein großer Wunsch geht in Erfüllung und fast gleichzeitig erleidet ein nahestehender Mensch ein schlimmes Schicksal. Vielleicht freuen Sie sich auch über ein großes Geschenk und bald darauf müssen Sie etwas Liebgewonnenes loslassen. Es kann sein, Sie selbst fliegen gerade vor Glück in den Himmel und ein Bekannter oder Verwandter stürzt kurz darauf so sehr ab, dass dies auch Ihren Flug beendet.

In all diesen Fällen erleben Sie keine Ungerechtigkeit, sondern das Spiel der Kräfte und Gegenkräfte in Ihrer Außenwelt.

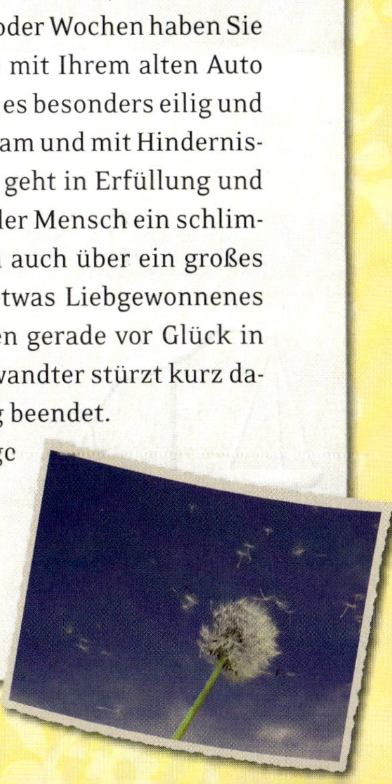

Äußere Gegenkräfte in Beziehungen

Auch in bestehenden Beziehungen und selbst schon bei der Suche und beim Kennenlernen wirken die Gegenkräfte zuverlässig. Sie bringen beispielsweise immer mehr von sich in eine Beziehung ein, doch der Abstand zum anderen wird größer statt kleiner. Sie geben selbstlos immer mehr und ernten zunehmend Undank statt Liebe. Sie haben endlich Abstand von einem vergangenen Partner gewonnen, lernen gerade jemand neu kennen und plötzlich meldet sich der alte Partner wieder und versucht, Sie erneut in eine Beziehung zu verwickeln. Jemand fasst endlich den Entschluss, von zu Hause auszuziehen, und plötzlich wollen ihm die Eltern das Haus überschreiben. Jemand hat für sich selbst eine Auszeit ohne Beziehung beschlossen und gleich darauf taucht ein attraktiver möglicher Partner auf. Endlich ist nach langer Zeit der Entschluss gefallen, aus der alten Wohnung in eine neue zu ziehen, und genau dann wird das Geld knapp ...
Die äußeren Gegenkräfte erkennen Sie daran, dass sie Sie »am alten Platz halten wollen« oder Sie dorthin zurückstoßen wollen. Sie sind wie Prüfungen, ob Sie zu Ihrer neuen Klarheit und Ihren Entscheidungen und Handlungen auch wirklich stehen. Die Lösung liegt nicht darin, sich darüber zu beklagen oder dagegen anzugehen, denn Sie können die Konstruktion der Schöpfung nicht verändern. Aber Sie können die Gegenkräfte integrieren und ausgleichen.

Die Ausrichtung Ihrer Lebenswaage

Stellen Sie sich eine Waage mit zwei Waagschalen vor. Die linke Schale ist die sichtbare materielle Welt, in der Ihr Körper lebt. Die rechte Schale ist die feinstoffliche unsichtbare Welt Ihres Herzens, also Ihrer Seele. Ihre Lebenswaage wurde so konstruiert, dass sie immer wieder zurück ins Gleichgewicht gehen wird, und sie reagiert absolut zuverlässig auf folgende Ereignisse:

- Immer wenn Sie eine Last von der materiellen Waagschale nehmen, wird auch eine Last von der Seelenseite verschwinden.
- Wenn Sie umgekehrt auf der Seelenseite eine Last wegnehmen, wird auch Ihr Leben in der materiellen Welt leichter werden.

Nun müssten Sie nur noch drei Dinge herausbekommen:

- Was zählt für meine Lebenswaage als Last und was nicht?
- Wie kommen Lasten (meist versehentlich) hinzu?
- Was kann ich praktisch tun, um Lasten von meiner Lebenswaage zu nehmen?

Mit der Suche nach Liebe, Sinn oder Erfüllung in Ihrem Leben brauchen Sie sich dann nicht mehr zu beschäftigen. Sie werden wie von selbst eintreten, wenn die Kräfte, die Ihr Herz bislang beschwerten, verschwinden. Der zweite Effekt, den Sie erleben werden, ist, dass Sie Ihre Herzensführung immer deutlicher wahrnehmen, weil der Kanal zu Ihrer Seele von den Kräften befreit wird, die Sie am klaren Empfang hinderten.

Ernest und das Übergeschenk

Ernest war am Ende seiner vierwöchigen Indienreise angekommen. So viel Armut und gleichzeitig gegenseitige Toleranz wie in diesem Land hatte er noch nie erlebt und sein Herz war tief berührt. In den ersten zwei Wochen war er ständig von Bettlern verfolgt worden und als instinktive Schutzreaktion hatte er sich weggedreht, meist nichts gegeben, um nicht noch mehr Bettler anzuziehen. Doch je mehr er flüchtete, desto mehr fühlte er sich gejagt. Eines Tages folgte er einem spontanen Impuls: Statt sich abzuwenden, hielt er inne und sah dem Bettler in die Augen. Es war nur ein kurzer Moment, doch Ernest fühlte, wie sich über die Verbindung des Blicks ihre beiden Seelen berührten. Er nahm ein intensives Ziehen in seinem Herzen wahr und spürte, wie es schneller schlug. Nach ein paar Sekunden war der Zauber gebrochen. Der Bettler streckte wieder seine Hand aus und Ernest ging fast wie in Trance weiter. Er war so tief berührt und gleichzeitig verwirrt, dass er sogar vergaß, dem alten Mann etwas zu geben.
Von nun an sah die Welt für Ernest anders aus. Wo er zuvor schmutzige, kranke oder lästige Menschen am Boden sitzend gesehen hatte, nahm er nun Menschenseelen wahr, ganz wie die seine, nur dass diese in diesem Leben ein Schicksal als Bettler erlebten. Er scheute sich nicht mehr hinzusehen und immer wieder gab er kleine Almosen weiter.
In seiner letzten Reisewoche wohnte Ernest in einem Strandhotel. Alle Mitarbeiter dort waren überaus bemüht, ihm einen guten Service zu bieten, und gleichzeitig forderten Sie immer

wieder ganz konkret Trinkgeld ein. Ernest gab, was üblich war, doch dieses Spiel aus Fordern und Geben löste in ihm eher das bekannte Gefühl von Belästigung aus. Nur eine alte Frau, die mit einem Handbesen viele Stunden am Tag den Sand von den Gehwegen des Hotels fegte, berührte sein Herz. Als einzige Mitarbeiterin des Hotels schien sie nicht auf Trinkgeld aus zu sein, sondern grüßte mit einer demütigen Handbewegung alle Menschen, zu deren Füßen sie den Weg fegte.

Am Tag seines Abfluges verbrachte Ernest noch ein paar Stunden auf seinem Hotelzimmer und dachte über seine Erlebnisse nach. Dann zählte er sein Reisegeld und stellte fest, dass er beim Besteigen des Flugzeuges umgerechnet fast hundert Euro in Landeswährung übrig haben würde. All die Wochen hatte er den Bettlern wenig gegeben, obwohl es ihm nichts ausgemacht hätte. Ernest beschloss, sein inneres Gleichgewicht wieder herzustellen. Der einzige Mensch, der nie etwas gefordert hatte und immer aus dem Herzen heraus freundlich gewesen war, sollte das übrige Geld bekommen. Ernest rollte den Stapel indischer Scheine zusammen, versteckte ihn in seiner Hand und ging hinunter zum Strandweg, wo die alte Frau wie jeden Tag ihre Arbeit tat. Sie sah ihn und er grüßte wie immer zurück. Doch dieses Mal beugte er sich zu ihr nach unten und drückte ihr die Rolle Geldscheine in die Hand.

Die alte Frau war völlig überrascht. Sie sah das dicke Bündel in ihrer Handfläche, verschloss es mit der zweiten und dankte ihrem Spender mit einer Geste tiefer Dankbarkeit. Ernest drehte sich um und machte sich zurück auf den Weg zu seinem Zimmer. Als er sich nach einigen Schritten noch einmal nach der alten Frau umdrehte, musste er mit ansehen, wie vier Hotelangestellte um sie herum standen und wild diskutierend zwischen dem Geld in ihrer Hand und Ernest hin und her blickten. In diesem Moment wusste Ernest, dass er einen Fehler gemacht hatte. Er hatte das Gleichgewicht der Kräfte in der Gruppe der Hotelangestellten empfindlich gestört. Er spürte förmlich in seinem Herzen, dass die alte Frau nun statt Glück eher Probleme bekommen würde, denn die Summe entsprach mehr als dem doppelten Monatseinkommen eines der Angestellten. Diesen Fehler bereute er nicht nur in den folgenden Stunden auf seinem Zimmer, in denen sich alle paar Minuten ein anderer Mitarbeiter mit einer Geschichte und dem Verlangen nach Geld bei ihm meldete. Er bereute auch, der Frau das Geld so offen sichtbar gegeben zu haben, und vielleicht sogar, überhaupt so viel auf einmal gegeben zu haben. Damit, so erkannte er, würde er das Leben der Frau nicht verbessern, denn ihr Alltag bestand daraus, im Hotel die Wege zu fegen und einen ungestörten Platz im Gefüge aller Mitarbeiter zu haben. Diese Geschichte und das Gefühl, durch ein zu großes Geschenk einen Schaden angerichtet zu haben, blieb ihm lange schmerzlich in Erinnerung.

Einige Monate später lernte Ernest Ayreen kennen. Mit ihren schwarzen langen Haaren, ihren dunkelbraunen Augen und dem sanftbraunen Teint erinnerte sie ihn ein wenig an indische Frauen. Ernest fand Ayreen sehr attraktiv und er bemühte sich darum, einen guten Eindruck zu machen. Bei ihrer zweiten Verabredung brachte er neben einem kleinen Blumenstrauß auch ein Buch mit schönen Bildern und Zitaten zum

Thema Lebensglück mit. Ayreen schien sich sehr darüber zu freuen. Die Wochen vergingen und die beiden trafen sich noch einige Male, bis sich Ayreen schließlich für Ernest entschied. Ernest war wie im Himmel. So eine wundervolle Frau, die jeden Mann haben konnte, hatte ihn erwählt. In einer ruhigen Stunde erklärte Ayreen ihm ihre Gefühle: »Weißt du, warum ich mich für dich entscheiden konnte?«, fragte sie. »Alle Männer, die ich bisher kennenlernte, machten mir Geschenke. Das ist ja auch irgendwie schön. Und dann machen sie noch mehr Geschenke und noch mehr. Als würden sie den Druck erhöhen wollen, um mich schnellstens zu überzeugen. Sie machen immer weiter, so lange, bis es einfach zu viel ist und ich mich zurückziehe. Du bist anders. Du gibst mir Zeit. Du versuchst nicht, mich zu bedrängen. Du hast ein so gutes Gespür dafür, wann etwas zu viel wird und wann etwas genau richtig und angebracht ist. So kann ich gut leben. Danke dafür.«
Und da erzählte Ernest ihr von Indien.

Immer leichter – Was die Seele glücklich macht

Ohne dass Ihre Seele glücklich ist, können Sie als Mensch nicht glücklich sein. Alles, was Sie tun, um in den Waagschalen den Druck zu verringern, wird Ihnen Erleichterung verschaffen, das Leben in Fluss bringen und Sie glücklicher machen. Ebenso ist es in Beziehungen. Alles, was Sie tun, um aus einem Kontakt oder aus einer Beziehung den Druck zu nehmen, wird Sie selbst und den anderen glücklicher machen. Neben psychischem Druck gibt es ganz deutliche materielle Kräfte, die nicht nur das praktische Leben belasten, sondern auch die Seele »binden« und schwerer machen.

Typische Beispiele für Lasten auf der *materiellen Seite* der Lebenswaage sind:

- alle Arten von finanziellen Schulden
- Verpflichtungen, bestimmte Leistungen erbringen zu *müssen* (ohne weitere Wahlmöglichkeit, wenn die Meinung sich ändert)
- unteilbare Gegenstände, die gemeinsam besessen werden (Immobilien, Bankkonten, Auto ...), über die der eine nicht verfügen kann, ohne dass der andere zustimmt
- Verpflichtungen aus Verträgen (solange sie nicht erfüllt sind, besteht Bindung)
- Bindungen aus Versprechen (»ewige« Treue, ewige Fürsorge ...)
- innere Verpflichtungen (Selbstverpflichtungen, Moralvorstellungen, Selbstversprechen)
- ein Übermaß an »Nehmen«, ohne zu geben (sich auf Dauer beschenken lassen, ohne es in gleichem Maß auszugleichen)

Beispiele für Lasten auf der *Seelenseite* der Lebenswaage:

- vergangene Handlungen, die anderen Schaden zufügten oder für andere zu Verpflichtungen führten
- belastende Handlungen oder Ereignisse aus früheren Leben (oft schwer zu »sehen«, aber gut zu »fühlen«)

- nicht eingehaltene Versprechen oder Verträge (alle Arten von Übervorteilung)
- nicht vollendete Selbstversprechen (alle Arten von Seelenbekenntnissen ohne folgende praktische Handlungen)
- andere an sich binden, manipulieren oder bewusst emotional abhängig machen

Keine Lasten und ohne Wirkung für die Lebenswaage sind:

- schlechte Gedanken
- unschöne Gefühle
- fehlende Fertigkeiten
- Zweifel
- mangelnde soziale Fähigkeiten
- scheinbar zu wenig »Glauben« haben oder »ungläubig« sein
- scheinbar unspirituell sein oder sich so fühlen
- Entschlüsse und Bekenntnisse ohne sichtbare Umsetzungen
- Wünsche ohne Taten
- gute Vorsätze, die nur Gedanken bleiben

All das sind völlig normale menschliche Eigenschaften. Sie mögen vielleicht Ihr Wohlbefinden belasten, aber sie erzeugen keine Last für Ihren Seelenweg.

*»Der eigentliche Zweck des Lernens
ist nicht das Wissen,
sondern das Handeln.«*

Herbert Spencer
englischer Philosoph und Soziologe
* 27. 04. 1820 in Derby
† 08. 12. 1903 in Brighton

Wie die »Wunschkurve« auf Ihren Herzmagneten wirkt

Manchmal erlebt man mit seinen Erfahrungen des »Schöpferseins« eine innere Reise, die sowohl aus schönen als auch aus unguten Gefühlen besteht - wie eine kleine Berg- und Talfahrt mit Wechseln aus Euphorie und Zweifel. Natürlich kann man sich dann sagen, dass dies die normalen Bewegungen auf der Waagschale des Universums seien, doch manchmal ist einem das vielleicht einfach zu wenig. Man möchte genauer verstehen, was gerade geschieht, um zu erkennen, was man besser machen könnte, damit scheinbar die negativen Gefühle wie Frustration oder Zweifel nicht zum Dauerbestandteil der eigenen Ausstrahlung werden. Vielleicht erkennen Sie Teile des folgenden Wunsch-Erlebnisweges in Ihrem eigenen Leben wieder.

Erlebnis-Stationen auf dem Weg des Wünschens

1. Man hat unerfüllte Sehnsüchte und Wünsche und möchte nun endlich Glück und Erfüllung erleben. Deshalb interessiert man sich dafür, wie man seine Ziele besser erreichen kann.
2. Je mehr Wissen man bekommt, desto klarer wird einem, dass alles im Universum - auch man selbst - in immerwährender Verbindung miteinander steht. Unerfüllte Wünsche oder sich erfüllende Sehnsüchte, Misserfolg oder Erfolg sind also kein Zufall.
3. Man erkennt, dass die eigenen Gedanken mitverantwortlich sind für die eigenen Gefühle. Diese Gefühle wiederum sind ein Teil der eigenen Ausstrahlung, die wie ein Magnet auf die Welt wirkt.
4. Man kommt auf die Idee, seine Gedanken zu verändern, damit sich die Gefühle verändern und man eine andere Realität »anzieht«. Dafür erlernt man verschiedene Methoden, um sich in eine positive Lebenseinstellung zu bringen.
5. Die ersten Erfolge können großartig und motivierend sein. Sie geben jedem recht, der sagt, man könnte seine Gedanken und Gefühle beliebig ausrichten und damit die Welt verändern.
6. Man glaubt zu erkennen, dass Glück und Erfolg durch Gedanken und Gefühle herbeigeführt werden können, und widmet sich immer mehr solchen Methoden, die positive Gefühle versprechen. Man nutzt jede Möglichkeit, sich selbst zu motivieren und sich motivieren zu lassen. Und das Leben verändert sich tatsächlich, denn man nimmt sich als Schöpfer wahr.

7. Im Gefühl, der vollkommene Schöpfer der eigenen Realität zu sein, übt man sich weiter darin, seine Gedanken zu pflegen. Dennoch verschwinden störende, zweifelnde oder negative Gedanken nicht. Man muss nun Stück für Stück mehr Kraft darauf verwenden, die positiven Gedanken nicht schwächer werden zu lassen - fast ein wenig so wie ein Kampf gegen die dunkle Seite, die immer wieder versucht, einen zu behindern und einem den Mut zu nehmen.
8. Die schönen und kraftvollen Gedanken nutzen sich zunehmend ab und schaffen es nicht mehr, die früher so starken motivierenden Gefühle zu erzeugen. Die negativen Gedanken, Zweifel und unschönen Gefühle werden häufiger und deutlicher.
9. Die innere Kraft, sich wieder und wieder auf das gewünschte Thema positiv auszurichten, lässt nach. Immer öfter vergisst man es und wenn man das bemerkt, kommt ein schlechtes Gewissen auf und zusätzliche schlechte Gefühle. Es beginnt eine Angst um den möglichen Verlust der eigenen Ausstrahlung. Man möchte nicht wieder zurückfallen in das Leben, in dem man alles nur erleiden musste, statt der Herrscher über die Realität zu sein.
10. Die Motivation sinkt weiter, weil wirklich wichtige Erfolge einfach nicht kommen wollen. Man glaubt, man hätte auf dem vergangenen Weg irgendwo einen Fehler gemacht oder man wäre einfach grundsätzlich nicht weit genug, um seine Wünsche herbeizuführen.
11. Die Frustration meldet sich und mit ihr kommen die alten Selbstzweifel zurück, die schon besiegt gewesen zu sein

schienen. Leise Ohnmachtsgefühle oder Zorn gesellen sich zu den Zweifeln und man sucht vielleicht nach grundsätzlichen Fehlern im System der Wunscherfüllung.

12. Am Ende der Wunschreise fällt man vielleicht nicht nur auf den Anfangspunkt zurück, sondern erlebt sogar das Gegenpendel. Die Herzensfreude darüber, der Schöpfer des eigenen Lebens zu sein, kann sich in Leid und Frust über das eigene Leben verwandeln.

Die Lebenswaage und Ihr Herzmagnet

Wenn etwas für Sie Bedeutsames in Ihrem Leben vorgefallen ist und Sie es damals mit der betreffenden Person nicht in Ordnung oder zu Ende bringen konnten, werden Sie Menschen anziehen, die Ihnen ersatzweise die Gelegenheit bieten. So wirkt Ihr Magnet. Er sorgt dafür, dass Sie wachsen und heilen und mit angefangenen Lebensthemen zu Ende kommen können.

Wenn Sie sich zum Beispiel vom letzten Partner benutzen ließen und immer klein beigaben, werden Sie so lange Partner anziehen, die das weiterhin mit Ihnen versuchen, bis Sie einem von denen überdeutlich zeigen, dass ab sofort damit Schluss ist. Aus Seelensicht gesehen, hat sich dieser Partner für Sie zur Verfügung gestellt, damit Sie Ihren Prozess der Heilung erleben konnten. Danach werden Sie solche Partnertypen nicht mehr anziehen.

Auch der andere kann dabei Wachstum erfahren, denn auch sein Magnet wird künftig Partner anziehen, mit denen er weiter lernen, wachsen und heilen kann. Auf diese Weise geht das Spiel der Waagschalen immer weiter, von Mensch zu Mensch und von Leben zu Leben.

Die Lebenswaage ausgleichen in Beziehungen

Immer wenn Sie konkret etwas verändern möchten, brauchen Sie einen Istzustand und ein Ziel. Auch in Beziehungen können Sie diese Regel anwenden und sich näher ansehen, was sich bis zu diesem Moment entwickelt hat und wohin Sie von hier aus steuern möchten.

Die Erkundung
Wo in Ihrem Leben und/oder Ihren Beziehungen haben Sie früher Leid erfahren müssen? Wo haben Sie selbst Leid miterzeugt? Wie weit sind Sie damals bei dem Durchleben gekommen? Wurde die Beziehung durch Flucht abgebrochen? Was hätten Sie gerne weiter zu Ende machen wollen? Was hätten Sie gerne damals deutlich sagen oder tun wollen?
Schreiben Sie es auf, denn das sind die Situationen, die sich Ihnen künftig wieder anbieten werden. Dann können Sie es beim nächsten Mal rechtzeitig bemerken und anders handeln.

Die Erkenntnis
Wenn eine Beziehung nicht in Ordnung ist, spüren Sie das. Dies ist der einfache Teil der Übung. Doch was genau stimmt nicht?

Irgendwo ist Nehmen und Geben im Ungleichgewicht. Wo? Und wann begann dieses Thema zum ersten Mal? Wo liegt die wahre Quelle, die bis heute wirkt?
Ein Seelenleid zwischen zwei Menschen kann sehr gut auch die Folge eines vorangegangenen »materiellen Fehlers« in einer Beziehung sein. Suchen Sie nach dem Punkt, an dem Sie »unglücklich« miteinander verschweißt sind oder waren. Wo haben Sie sich gegenseitig oder einseitig materiell aneinandergekettet? Wo haben Sie das Gefühl von Verpflichtung und gleichzeitig das Gefühl, sie loswerden zu wollen? Selbst wenn so etwas irgendwann einmal als Zeichen von Liebe begann, kann es heute die tiefe Ursache von größtem Druck, Streit und Leid sein. Wenn beide Partner nicht mehr frei sind, beginnt das gemeinsame Unglück.

Die Umsetzung

Ungleichgewichte in Beziehungen entstehen selten mit einem Donnerknall. Sie schleichen sich langsam ein. Der Donnerknall geschieht vor allem dann, wenn sie bemerkt werden und zur Sprache kommen. Wenn Sie eine Beziehung auf Dauer erfüllend, ungezwungen, leicht und liebevoll erleben möchten, achten Sie möglichst von Beginn an auf das Gleichgewicht der materiellen Kräfte. Wenn Sie das Gefühl haben, zu viel zu bekommen, versuchen Sie, es zurückzugeben. Wenn Sie selbst deutlich zu viel gegeben haben, reduzieren Sie es, sonst stößt dieses Ungleichgewicht die Beziehung immer weiter in eine folgende Gegenbewegung hinein. Nicht alles Geben und Nehmen führt zu einem Ungleichgewicht, wenn sich beides im Laufe der Zeit immer wieder ausgleicht. Ihre Sorgfalt braucht nur den Situationen zu gelten, die über Monate und Jahre hinweg nicht ausgeglichen sind. Die Erziehung der meisten Menschen sorgt dafür, dass sie es für Liebe halten, Ungleichgewichte still zu ertragen oder sogar selbst mitzuerzeugen. Lassen Sie das nicht zu und sehen Sie von Beginn an hin. Vielleicht erzählen Sie dem anderen vom Gleichgewicht der Kräfte und wie Liebe sich in Freiheit besonders gut entfalten kann. Sprechen Sie genau über das, worüber Sie bislang aus Liebe nicht sprechen wollten. Dort liegt der Weg zu tieferer Verbindung und mehr Erfüllung. Finden Sie gemeinsam Lösungen, die Sie beide aus gegenseitiger Abhängigkeit befreien. Dann können Sie jeden Morgen aufs Neue sagen: »Ich bin vollkommen frei und in all dieser Freiheit wähle ich dich.«

»Ich träumte, das Leben sei ein Paradies.
Ich erwachte und siehe, das Leben war Arbeit.
Ich tat diese Arbeit und siehe,
das Leben war ein Paradies.«

Seneca der Jüngere
römischer Philosoph, Dramatiker,
Naturforscher und Staatsmann
* ca. 2 v. Chr. bis 2 n. Chr. in Cordoba
† 65 n. Chr. in der Nähe von Rom

Der Herzberater und die zweite Erkenntnis

Wenn man das Gefühl hat, das Leben oder die Erfüllung eines Wunsches würde feststecken, muss es dafür einen inneren oder äußeren Grund geben. Bei der Suche nach den äußeren Gründen hat es sich in der Praxis sehr bewährt, folgende drei Bereiche abzufragen:

Die Frage nach dem Beziehungsgleichgewicht
Befindet sich irgendwo eine Beziehung in einem Ungleichgewicht? Zu Partnern, Eltern, Freunden, Beruf ... Wo bekommen Sie weniger, als Sie geben, oder wo erhalten Sie mehr, als Sie auf Dauer ausgleichen können? Selbst wenn man auf den ersten Blick glaubt, eine stark unterbezahlte Arbeitsstelle würde mit den Liebesbeziehungen nicht in Verbindung stehen, wirkt die Situation dennoch. Sich unterbezahlt zu fühlen ist dann Teil der eigenen Ausstrahlung und man würde dann immer wieder Partner anziehen, die einen »unterbezahlen«, also wenig geben und viel fordern.

Die Frage nach dem materiellen Gleichgewicht
Wer schuldet wem wie viel bis wann? Das klingt materiell und gefühllos. Und gleichzeitig ist es einfach eine Tatsache mit einer deutlichen Wirkung auf Beziehungen und die Lebenssituation. Aus eventuellen Ungleichgewichten herauszukommen hat hohe Priorität, wenn das Leben wieder erfüllter und freudvoller ablaufen soll. Bildlich gesprochen, können Sie nur schwer einen entspannten Liebesurlaub verbringen, wenn Sie wissen, dass diese

Zeit Ihre Schulden vermehrt. Oder Sie können einem Menschen nur schwer ein Liebesbekenntnis aus vollem Herzen heraus machen, wenn Sie bei ihm das Gefühl von Abhängigkeit haben.

Die Frage nach dem Verpflichtungsgleichgewicht

Wo immer Sie ein Versprechen mündlich gegeben oder schriftlich unterzeichnet haben, wirkt dieses Versprechen. Sie erkennen das an Ihren immer wiederkehrenden Gedanken und belastenden Gefühlen zu diesem Thema. Hier ist die Lösung meist klar, wenn auch nicht immer einfach: Entweder Sie erfüllen die Verpflichtung schnellstmöglich, so gut es Ihnen möglich ist. Oder Sie nehmen das Versprechen ganz offiziell und mit der Zustimmung des anderen zurück. Sie lassen sich sozusagen von Ihrem Versprechen »freisprechen«. Falls der andere das nicht will, bieten Sie eine Ersatzleistung an, die Sie erfüllen können, und lassen Sie sich auf diesem Weg vom anderen aus dem Versprechen entlassen.

Die 3. Erkenntnis
Der Fluss aus Gelegenheiten
Keine Chance kommt nur einmal.
Sie kommt wieder
und dann können Sie bereit sein,
wenn Sie die Gelegenheit erkennen
und die Kräfte gelöst haben,
die Sie beim ersten Mal
zurückhielten.

Manche Chancen kommen nur einmal im Leben. Sagt man. Die große Liebe gibt es nur einmal im Leben. Sagt man auch. Doch es stimmt nicht. Eine Chance kommt wieder und wieder, nur in anderer Verkleidung. So lange, bis Sie sie erkannt und genutzt haben. Sie muss kommen, denn Ihre Seele will genau diese Situation einmal perfekt zu Ende erleben. Ob Sie die Chance in der neuen Verkleidung erkennen, liegt daran, was Sie aus dem letzten Mal gemacht haben. Haben Sie es verdrängt oder haben Sie es genau angesehen, um es zu verstehen und daraus zu lernen? Haben Sie erkannt, was für Sie die Chance *hinter* dem offensichtlichen Ereignis war, also abgesehen von dem, was Sie hätten »haben« können? Welche Erkenntnisse haben Sie daraus für Ihre Zukunft gewonnen? Und das Wichtigste: Was tun Sie, damit das damalige Automatikprogramm nicht auch morgen wieder in Ihrem System wirken und Ihnen die Chance zerstören kann?

Die Umwandlung alter Erfahrungen in neue Gelegenheiten

Eine tiefe innere Überzeugung, ein Vorurteil oder eine negative Erwartung lassen einem Menschen, selbst wenn er sie kennt, auf Dauer keine Chance, die Erfüllung zu vermeiden. Dabei ist derjenige, der die Prophezeiung in sich trägt, sich ihrer oft noch nicht einmal bewusst. Und selbst wenn man sie erkennt, bekommt man die Wirkung einer solchen tiefen Überzeugung

nicht so einfach weg, denn sie entstand aus starken emotionalen Erlebnissen heraus. Die Wirkung eines solchen Erlebnisses lässt sich weder durch Wünschen noch durch positives Denken auflösen.
Glücklicherweise haben selbsterfüllende Prophezeiungen eine Schwachstelle: die Realität. Eine innere Überzeugung ist nicht real. Sie ist nur eine Erinnerung an bestimmte Erfahrungen, eine Angst aus dem Hörensagen heraus oder eine eigene Hochrechung in die Zukunft. Sie könnten sich also zum Beispiel sagen: So eine Liebe werde ich nie wieder erleben. Oder Sie wissen, dass es in der Realität keine Endgültigkeit gibt und alles in immer wieder neuer Form entsteht.

»Der höchste Lohn für unsere Bemühungen ist nicht das,
was wir dafür bekommen,
sondern das, was wir dadurch werden.«

John Ruskin
englischer Schriftsteller,
Maler, Kunsthistoriker und Philosoph
*08. 02. 1819 in London
† 20. 01. 1900 in Brantwood/Lancashire

Birgits Weggabelung

Sie waren jung und ihnen stand die Welt offen: Giorgio, ein attraktiver einundzwanzigjähriger Mann aus dem norditalienischen Mantua, und Birgit, eine zwanzigjährige Frau aus Frankfurt, lernten sich auf einer Italienreise kennen. Die beiden verliebten sich ineinander. Es war nicht Birgits erste Liebe, aber es war die erste, die sie wirklich tief im Herzen berührte. Giorgio ging es ebenso. Nach etwa einem Jahr ihrer Beziehung, an einem lauen Sommerabend in Venedig, standen die beiden auf einer Brücke und betrachteten die Gondeln, in denen sich verliebte Pärchen romantisch durch die Kanäle rudern ließen. Irgendwann tauchte eine Gondel mit einem Brautpaar auf und der eher schüchterne Giorgio nutzte die Gelegenheit: Er nahm all seinen Mut zusammen, um Birgit die Frage zu stellen, die ihm seit einigen Monaten nicht mehr aus dem Kopf ging.
»Birgit, es ist so schön hier und es ist alles so schön mit uns beiden ...«, er deutete auf die Gondel mit dem Brautpaar. »Wollen wir das auch machen? Ich meine: Willst du meine Frau werden? Willst du mich heiraten?«
Die Stimmung zwischen beiden war an diesem Tag eher ausgelassen als romantisch und tiefsinnig gewesen und Birgit verstand Giorgios Antrag in diesem Moment eher wie einen weiteren Scherz. Und so tat sie ihn mit einer lustigen Bemerkung ab. Giorgio zuckte innerlich zusammen, als hätte er einen Schlag bekommen, ließ sich aber äußerlich nichs anmerken. Dass seine Gefühle nicht ernst genommen wurden, war er von Kind an von seinem Vater gewohnt gewesen. Wie er darauf reagierte, war

er ebenfalls gewohnt: Er schloss sich Birgits Scherz an. Und er fragte nie wieder. Nach einigen Monaten trennten sie sich. Birgit heiratete zwei Jahre später Jörn, einen tatkräftigen, energischen Mann voller Ideen und mit dem Plan, sich eine Familie und ein Unternehmen aufzubauen. Birgit und Jörn bekamen zwei Kinder, die Firma wuchs und im Laufe der Jahre erfüllte sich auch der Traum vom eigenen Haus.

Mit Jörn war es schön und manchmal auch lustig, aber es war kaum romantisch. Das Leben mit Jörn war die Erfüllung eines anderen Traums - des Traums von Kindern und einem sicheren Heim.

Jörn war, wie so viele Unternehmer, voll und ganz von seiner Aufgabe gefangen. Er gab sich viel Mühe damit, sich auch um seine Familie zu kümmern, doch so unbeschwert, leicht und frei wie mit Giorgio fühlte Birgit sich bei Jörn nie.

Irgendwann kam das, was bei vielen Unternehmerpaaren eintritt: Die Firma wurde das Hauptthema und die Liebe und das gemeinsame Leben rückten immer mehr in den Hintergrund. Geld war mal in Fülle vorhanden und mal knapp. Jörn hatte immer wieder Affären und die Beziehung nahm ihren Verlauf mit allen Höhen und Tiefen. Immer wenn Birgit sich besonders einsam fühlte und weinte, wurden die Erinnerungen an Giorgio wach, vor allem an diesen besonderen Moment auf der Brücke in Venedig, dessen Tragweite sie damals nicht verstanden hatte. Dieser Moment hätte ihr Leben völlig anders verlaufen lassen können. Ein einziges Wort von ihr hätte genügt ... War sie damals an einer Weggabelung gestanden und hatte die falsche Wahl getroffen?

Das Leben mit Jörn ging weiter und irgendwann kam eine langwierige und unschöne Scheidung. Doch auch das ging vorbei und während all dem wurden die Kinder erwachsen und verschwanden in ihr eigenes Leben.

Nach all den leidvollen Erlebnissen und schmerzhaften Gefühlen bei der endlos wirkenden Scheidung schwor sich Birgit, sich nie wieder einem Mann so auszuliefern. Sie bezog eine kleine Wohnung am anderen Ende der Stadt, möglichst weit weg von allem, was sie an die Vergangenheit erinnerte. Jeden Morgen beim Aufwachen freute sie sich darüber, dass sie endlich frei und sicher war. So vergingen einige Jahre, in denen Birgit lernte, mit sich selbst in ihrer ungewohnten Rolle als Single zurechtzukommen.

Eines Tages saß sie wieder einmal allein in ihrer Wohnung. Es war Sonntag und Sommer und alle Bekannten, die sie angerufen hatte, hatten schon etwas vor. Daran, dass in solchen Situationen Gefühle von Einsamkeit und Sinnlosigkeit hochkamen, war Birgit schon gewöhnt. Sie pflegte sich dann immer wieder vor Augen zu rufen, wie schön sie es eigentlich hatte, so unbelastet von Streit, Ärger und Bedrohung. Doch auch dieses Mal kam zur Einsamkeit wieder die alte Erinnerung an die Szene auf der Brücke in Venedig. Und es war, als würde Birgits ganzes Leben wie eine einzige lange Geschichte auf einem Zeitstrahl vor ihr liegen und sie anklagen, dass sie einen unverzeihlichen Fehler gemacht hätte.

Hatte sie tatsächlich ihr Leben verschwendet? Hätte ihre Seele damals Giorgio wählen wollen? Hatte ihre

Unerfahrenheit das Glück ihres Lebens vermasselt? In all den Jahren, seit sie darüber nachdachte, kam immer dieselbe Antwort: »Prüfe es nach. Finde ihn und gehe zu ihm.«

An diesem Sommersonntag bekam Birgit doch noch Besuch. Ihre Tochter kam spontan vorbei, und weil Birgit darauf nicht vorbereitet gewesen war, lag das alte Fotoalbum mit den Schwarz-Weiß-Bildern aus Venedig auf dem Tisch. Die Tochter bemerkte es und fragte nach. Und zum ersten Mal erzählte Birgit ihrer Tochter die ganze Geschichte, die sie noch nie zuvor jemandem berichtet hatte. Als sie damit fertig war, saßen Mutter und Tochter eine Weile still am Tisch. Tränen erfüllten beider Augen und schließlich umarmte die Tochter ihre Mutter und sagte: »Suche ihn. Finde ihn. Und fahr zu ihm. Ich sage das als deine Freundin und nicht als deine Tochter. Wenn du es nicht tust, wird dein letzter Gedanke sein, dass du vielleicht dein Leben verpatzt hast. Dann wirst du das schreckliche Gefühl mitnehmen, dass du nicht einmal versucht hast herauszufinden, was zwischen euch heute noch wäre.«

Birgit nickte. »Während ich dir die Geschichte erzählte, ist mir genau das auch klar geworden. Ich hatte es mein Leben lang verdrängt, weil ich dachte, so etwas macht man nicht, schon gar nicht in meinem Alter. Ich dachte, es wäre verrückt ... aber das ist es nicht, oder?«

Ihre Tochter schüttelte sanft den Kopf. »Nein, das ist nicht verrückt. Das ist, was dir dein Herz sagt. Und wenn es andere verrückt finden würden, wäre es auch egal.«

Birgit begann noch am selben Abend mit ihrer Nachforschung und wurde im Internet schnell fündig. Giorgio war offenbar ein

bekannter Unternehmer mit eigenem Weingut. Er hatte natürlich eine Frau und, wie Birgit herausfand, mindestens einen Sohn, der inzwischen die Leitung des Unternehmens übernommen hatte.
Fast ein ganzes Leben war verstrichen! Sie starrte das Foto auf einer Internetseite an, das Giorgio bei einer Preisverleihung mit seiner Frau zeigte. So ein schöner Mann, auch jetzt noch, im Alter. Doch war das überhaupt noch annähernd der Junge, den sie damals in Venedig geküsst hatte? Und war sie selbst noch das Mädchen, das er damals geliebt hatte?
Wie immer kamen die altbekannten Gedanken, die ihr erzählten, es wäre vollkommen verrückt, den Kontakt zu diesem Mann zu suchen. Doch jetzt tat sie es.
Birgit fand Giorgios Adresse heraus, entschloss sich jedoch, keine E-Mail zu schreiben. Stattdessen nahm sie eines der alten Schwarz-Weiß-Fotos, auf dem die beiden glücklich in Venedig zu sehen waren, und schrieb auf die Rückseite nur vier Worte: »Ich bin noch da.«
Zusammen mit ihrer Anschrift steckte sie das Foto in einen Umschlag und schickte es an die Adresse, die sie herausgefunden hatte. Dann begann das Warten. Und mit dem Warten begannen die Gefühle. All die Angst, all die Zweifel, all die Einsamkeit, die sie über die vielen Jahre gerade noch im Griff gehalten hatte, schlugen nun endgültig über ihr zusammen. Doch während sie wartete und litt, während sie fühlte und weinte, lichteten sich gleichzeitig die Nebel in ihrem Inneren. Es war, als würde sich eine dicke Wolke aus Jahrzehnten unerfüllter Sehnsucht in ihr auflösen.

Sie hatte alles getan, nun lag es in höherer Hand. Sollte Gott, oder wer auch immer da oben das Sagen hatte, es vorgesehen haben, dass sie mit Giorgio noch einmal zusammentraf - oder noch unvorstellbarer: eine Zukunft hatte -, so hatte sie nun ihren Beitrag geleistet, damit es geschehen konnte. Birgit merkte, dass ein großer Teil ihrer lebenslangen versteckten Traurigkeit der Tatsache entsprang, dass sie sich selbst nie mehr wirklich eine zweite Chance für Liebe und Partnerschaft gegeben hatte.
Nach einer Woche waren die großen Gefühlswellen fast verklungen und Birgit war sich so klar über ihr eigenes Leben wie nie zuvor. Ja, vielleicht war es ein Fehler gewesen, aber vielleicht war es auch genau richtig gewesen. Auf jeden Fall war es das, was sie damals als junges unerfahrenes Mädchen tun konnte. Nicht mehr und nicht weniger. Und nun hatte sie in Gang gesetzt, was sie als ältere Frau in der Lage war zu tun. Der Rest war Schicksal, Fügung, Seelenweg oder was auch immer.
Nach zehn Tagen fand sie einen Brief aus Italien in ihrem Postkasten. Giorgio hatte ihr aus dem Krankenhaus geantwortet, wo man ihn gerade am Herzen operiert hatte. Der Brief war auf Italienisch geschrieben und er begann mit den Worten: »Ich bin auch noch da ...«
Die folgenden Wochen vergingen mit Briefen, in denen sie sich beide gegenseitig ihre Unsicherheiten und Gefühle ausdrückten. Giorgio liebte seine derzeitige Frau und bekannte sich zu seiner Familie. Gleichzeitig liebte er noch immer die junge Frau, um deren Hand er damals auf der Brücke in Venedig angehalten hatte.

Einige Monate später, als das Frühjahr begann, trafen sich Giorgio und Birgit in Venedig. Ihre Körper waren fast ein halbes Jahrhundert älter geworden, doch die Seelen erkannten sich wieder, als wäre kein Tag vergangen. Die beiden Menschenkinder weinten und lachten zusammen. Sie waren traurig und glücklich zugleich, weil sie spürten, dass ihre Seelen sich nie verloren hatten. In dieser Begegnung lag trotz aller Angst und Aufregung auch so viel Liebe und Frieden, dass sie beide letztlich immer mehr zur Ruhe kamen.
Nach der Begegnung hatte Birgit das Gefühl, endlich frei zu sein. Giorgio hatte sich nicht als ihr noch offenstehender Partner erwiesen, aber sie hatte einen Menschen aus ihrer Vergangenheit getroffen, den sie wie einen alten Seelenfreund noch immer liebte. Die quälenden Fragen waren verschwunden und Birgit war sich nun sicher, dass sie bei einer neuen Gelegenheit ihr Ja geben würde. Trotz der begrenzten Jahre, die ihr vielleicht noch vergönnt waren, war sie tief im Herzen friedlich und sicher, dass eine solche Chance wieder kommen würde. Wenn nicht in diesem, dann im nächsten Leben.

»Zu viele Menschen denken an Sicherheit statt an Chancen. Sie scheinen vor dem Leben mehr Angst zu haben als vor dem Tod.«

James F. Byrnes, amerikanischer Politiker
und ehemaliger Außenminister
* 02. 05. 1879 in Charleston, South Carolina
† 09. 04. 1972 in Columbia, South Carolina

Vor dem Angebot von Glück zurückweichen

Wenn eine bedeutsame eigentlich schöne Situation plötzlich und unerwartet eintritt, geschehen zwei Dinge gleichzeitig: Glück und Freude schießen hoch wie eine riesige Welle. Und ein Reflex wird aktiviert, der dies sofort unter Kontrolle bringen oder abwehren will. Dafür gibt es zwei Ursachen:

1. Ein Urmechanismus in den Tiefen des Vorfahrengehirnteils erkennt eine Stresssituation und solche Situationen waren früher lebensgefährlich. Sie müssen sofort unter Kontrolle gebracht und abgewehrt werden. Dafür ist Flucht eine gute Möglichkeit oder Gegenangriff. Deshalb drehen sich manche Menschen weg, wenn man ihnen Glück bereiten will, oder wehren Zuwendungsgesten zunächst einmal ab, ehe sie diese dann kontrolliert zulassen.
2. Die zweite Ursache für ein solches Verhalten sind Konditionierungen aus bestimmten Erfahrungen dieses Lebens. Man wurde vielleicht als Kind oft »emotional überrascht« und es lag selten

Gutes darin. Oder man erlebte Liebesbeteuerungen und sobald man sich öffnete, wurde man verlassen oder verletzt. Daraus hat sich ein Schutzprogramm entwickelt, um weitere Schäden abzuwenden.

Ihr Herzmagnet und die neue Chance

Was wird ein Mensch ausstrahlen, der in sich die Überzeugung trägt, er hätte seine größte Chance für etwas Bestimmtes bereits erlebt oder verpasst? Und wen würde er mit dieser Ausstrahlung in sein Leben ziehen? Könnte jemand, der zum Beispiel davon überzeugt ist, dass er »eine solche Liebe« nie wieder erleben wird, einen möglichen neuen Lebenspartner überhaupt erkennen, selbst wenn er ihm gegenübersäße?

Manche Dinge im Leben tun weh. Doch das Ereignis geht vorüber. Was wirklich Dauerschmerz zufügt und das Leben blockiert, ist, wenn man sich selbst ein negatives Weltbild daraus strickt und seine Hoffnung und Offenheit verliert. Hoffnungslose Menschen ziehen vor allem andere Hoffnungslose an. Augen mit Tränen aus Hoffnungslosigkeit bestätigen immer wieder nur genau dieses eigene Weltbild.

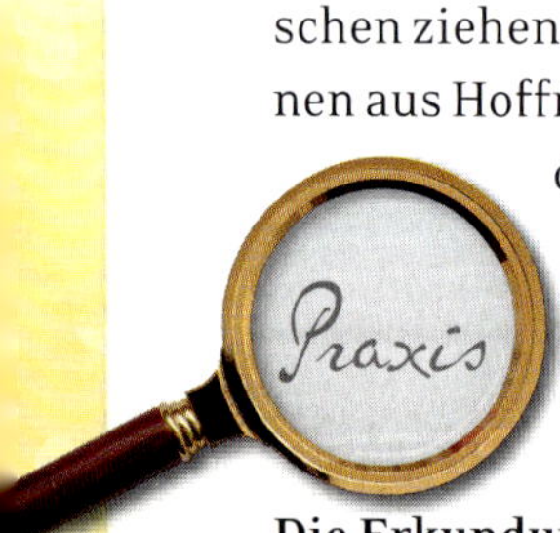

Die neue Chance vorbereiten

Die Erkundung: Im Gefühl liegt der Schlüssel

Die Chance für eine erfüllende Liebe oder einen anderen großen

Lebenswunsch wird also immer wieder in Ihr Leben kommen, sofern Sie bereit sind, diese zu ergreifen. Um vorbereitet zu sein, sehen Sie sich zuerst mit möglichst neutralem Blick ganz genau an, welche Kräfte bei Ihrer letzten Beziehung gewirkt haben. Sie könnten sich dabei vorstellen, Sie wären ein Wissenschaftler mit dem Auftrag, die Situation von damals nur rein sachlich, aber möglichst exakt von innen und von außen zu beschreiben. Welche Kraft, welcher Gedanke, welches Gefühl waren beteiligt? Wer war damals im entscheidenden Moment der Verhinderer? Viele Menschen sagen einfach: Ich war damals einfach zu dumm, ich habe es nicht gesehen. Doch mit »zu dumm« können Sie nichts anfangen – abgesehen davon, dass es nicht stimmt. Es lief etwas ab, das mit Bildung und Intelligenz nichts zu tun hatte. Gefühle waren beteiligt, welche waren das damals? Was wollten Sie damals *nicht*? Wovor fürchteten Sie sich insgeheim? Welche schlechte Erfahrung lag Ihnen noch auf dem Herzen? In dieser Erinnerung liegt Ihr Schlüssel für die neue Chance.
Es kann sehr gut sein, dass Sie feststellen, dass Sie in sich selbst nach all der vergangenen Zeit noch immer diese Gefühle aktivieren. Wenn Sie das erleben, haben Sie auf Ihrer Suche einen Treffer gelandet. Alleine, dass Sie die Quelle nun sehen, wird Ihre Ausstrahlung und Anziehung im ersten Schritt schon verändern.

Die Erkenntnis: Ihr Licht von heute scheint auf die Vergangenheit

Nun ist der Teil, der Ihnen damals die Chance vermasselte, nicht mehr unsichtbar und kann nicht mehr versteckt wirken. Es sind ganz bestimmte alte Gefühle, die Ihren Magneten mitprägen, und Sie haben das Thema offengelegt. Das Licht Ihrer Bewusstheit fällt darauf und ab sofort beginnt es, sich zu verändern. Viele solcher alten versteckten Gefühle können Sie nur durch Ihr heutiges Handeln lösen und in Heilung bringen. Sie müssen etwas in die Wege leiten, das Sie erneut zu einer ähnlichen Situation führt. Vielleicht haben Sie schon gehört, dass man, falls man »vom Pferd fällt«, möglichst gleich wieder aufsteigen soll, damit kein Angsttrauma zurückbleibt. Falls Sie es damals verpassten, steigen Sie einfach heute wieder auf.

Die Umsetzung: Um auch nach verpassten Gelegenheiten den Weg für weitere Chancen frei zu machen, haben Sie verschiedene praktische Möglichkeiten

- Sie können es wie Birgit machen und die Person von damals suchen, um mit ihr an der Stelle anzusetzen, an der der scheinbare »Fehler« geschah. Dabei geht es nicht darum, ob dies logisch, klug, realistisch oder vielversprechend ist. Es geht einzig darum, dass Sie es *tun,* weil dadurch das Trauma heilen kann, das im Moment noch Ihr Leben blockiert.
- Falls Ihnen das praktische Handeln noch schwerfällt, können Sie als ersten Schritt üben, über die Situation mit anderen zu sprechen. Oft schließen Menschen ihre verpassten Chancen tief in ihrem Herzen ein. Sie schämen sich, dass sie sich scheinbar so dumm angestellt haben, dabei war es gar nicht dumm. Es war das Beste, was sie damals tun konnten. Auch wenn Sie scheinbar »nur« darüber sprechen, sind Sie schon aktiv am Handeln und arbeiten damit an der Heilung des Traumas.

- Sie können die Situation aktiv neu herbeiführen. Wenn Sie damals im übertragenen Sinne »vom Pferd gestürzt« sind, müssen Sie sich als Erstes wieder auf einen Reitplatz begeben. Sie müssen Ihrem Leben die Chance geben, die Situation erneut auf Sie zukommen zu lassen. Öffnen Sie wieder die Tür und laden Sie neue Menschen dazu ein, an Ihrem Leben teilzuhaben. Vielleicht ergibt es sich, dass Sie heute einem anderen das anbieten können, was Sie damals angeboten bekamen und verpassten. Es muss nicht gleich ein Heiratsantrag sein, doch vielleicht können Sie einem möglichen Beziehungspartner ein kleines oder größeres klares Bekenntnis geben. Nicht ein »Ich-will-dich-jetzt-besitzen«-Bekenntnis, sondern ein »Ich-stehe-zu-dir-so-wie-du-bist«-Bekenntnis. Wenn Sie Ihre Liebe zum Leben und zum Menschsein ausdrücken, wird dies andere berühren.

»Chancen multiplizieren sich,
wenn man sie ergreift.«

Sunzi
chinesischer General und Philosoph
* um 544 v. Chr. in Wu oder Qi
† um 496 v. Chr.

Der Herzberater und die dritte Erkenntnis

Manchmal hat man das Gefühl, das Herz wäre durch ein Ereignis so sehr verletzt worden, dass man sich diesem Risiko kein zweites Mal aussetzen möchte. Hier könnte es Ihnen helfen zu wissen, dass Ihr Herz nicht verletzt werden kann. Ihr Herz ist der Ort der Liebe in Ihnen und die Liebe kann niemals verletzt werden. Erwartungen können enttäuscht werden. Der Selbstwert kann beschädigt werden. Alte Erinnerungen an Verletzungen können hochgeholt werden. Geben und Nehmen kann im Ungleichgewicht sein. Angst kann aktiviert werden. All diese Reaktionen können durch bestimmte Erlebnisse ausgelöst werden, doch um die Liebe in Ihrem Herzen brauchen Sie sich ganz sicher nicht zu sorgen. Die Liebe verschwindet nicht aus Ihnen. Falls Sie also einmal das Gefühl erleben, Sie hätten die Liebe in sich verloren, sind in Wahrheit gerade nur andere Gefühle und Reaktionen so stark, dass Sie Ihre Liebe weniger spüren. Das ist nicht schlimm, es ist nur eine Phase, in der etwas gelöst werden möchte, was sich über Ihr Herz geschoben hat.

Sich für neue Gelegenheiten zu öffnen ist eine solche Lösungsmöglichkeit. Die Realität umströmt Sie wie ein Fluss aus niemals endenden Möglichkeiten in immer neuen Variationen. Ihr freier Wille liegt in der Wahlmöglichkeit, diesem Fluss ein grundsätzliches Ja oder Nein zu geben.

Ein Ja könnte zum Beispiel so aussehen: »Selbst wenn ich noch tausend Mal verletzt werden könnte und wenn dabei mein Herz zerbräche, so würde ich immer wieder aufs Neue den Weg der Liebe wählen.«

Die 4. Erkenntnis

Das unsichtbare Netz

Sie sind mit allen Menschen in Ihrem Leben
verbunden.
Mit denen, die Sie mögen, ebenso wie mit den anderen.
Die Kräfte dieser Menschen vermischen sich
mit der Klarheit Ihrer eigenen Herzenskraft.
Ihre deutlichen Entscheidungen
in diesem unsichtbaren Netz bestimmen,
wen und was Sie künftig anziehen.

Eines der größten und manchmal schwierigsten Lebensthemen ist die Selbstliebe. Das »Ich« kann sich »selbst« nicht lieben und Selbstliebe ist in Wahrheit unmöglich. Es ist also nicht weiter schlimm, wenn es nicht gelingt. Schon allein dies zu erkennen ist für viele Menschen eine große Erleichterung.
Was mit dem Wort Selbstliebe tatsächlich gemeint ist, ist die Liebe zum eigenen Leben, die Annahme des eigenen Körpers, die Wertschätzung der eigenen Fähigkeiten, die Dankbarkeit für die vorhandene Gesundheit und Kraft.
Die größte Herausforderung für Ihre Selbstliebe ist immer das Verhalten anderer Menschen. Gäbe es niemanden, der in Ihr Leben hineinwirkt und Ihnen den Eindruck vermittelt, Sie wären nicht gut oder schnell genug, nicht liebevoll oder attraktiv genug und so weiter, so hätten Sie niemals Zweifel an sich selbst. Sie würden sich voll und ganz annehmen und damit wären weder Widerstand noch Ablehnung in Ihnen. Es gäbe nur Liebe und das Gefühl, mit sich und dem Leben eins zu sein.
Selbstablehnung ist also das Ergebnis von vorangegangener Fremdablehnung. Ein Baby beispielsweise kennt keine Zweifel und keine Selbstablehnung. Erst andere Menschen wie Eltern, Lehrer, Vorgesetzte oder Partner sorgen dafür, dass Selbstablehnung überhaupt entstehen kann.
Darin liegt keine Schuld, weder von Ihnen selbst noch von anderen. Es ist eine Art Naturgesetz, dass Menschen andere Menschen bewerten und beurteilen und dies auch zeigen. Wer kann sich davon völlig freisprechen?
Liebe kann man also nicht aktiv herbeiführen, auch nicht die Selbstliebe. Doch man kann die Hindernisse beiseiteräumen, die

der Liebe in einem selbst entgegenstehen. Eine wichtige Aufgabe auf Ihrem Weg zu mehr Liebe besteht also darin, von den Einflüssen frei zu werden, welche die Selbstablehnung immer wieder aktivieren.

Im Netzwerk der Seelenverbindungen

Immer wenn Menschen miteinander in Kontakt kommen, begegnen sich gleichzeitig auch deren Seelen. Das Zusammentreffen der Menschen endet irgendwann, doch die Seelen kennen keine Zeit, sie bleiben in Kontakt. Eine solche unsichtbare Seelenverbindung ist sozusagen eine Art Kanal, der Ihr System mit dem eines anderen verbindet. Viele dieser Seelenverbindungen zusammen ergeben ein sich ständig veränderndes Netz, von dem Sie selbst ein immerwährender Teil sind.

Wenn Menschen sich innerhalb Ihres persönlichen Netzes lieben, achten und fördern, ist das eines der wundervollsten Erlebnisse, die sie haben können. Dann erleben sie Geborgenheit, fühlen sich geliebt, verbunden und aufgehoben.

Doch nicht immer streben alle Menschen in Ihrem Netzwerk nur Ihr Bestes an. Viele kümmern sich vor allem um sich selbst und um ihre eigenen Vorteile. Falls Sie mit einem solchen Menschen emotional eng verbunden wären, könnten dessen Interessen und seine Ausstrahlung deutlich in Ihr eigenes Leben hineinwirken. In Ihrem »Magneten« würden dann die Kräfte des anderen immer mitwirken und dafür sorgen, dass Sie immer mehr von dem anziehen, was Sie eigentlich nicht haben wollen.

Die Verpfändung von Erwins Leben

Erwins Vater war zu Beginn ein kleiner Unternehmer mit großen Ideen und noch mehr Mut, sie in die Tat umzusetzen. Einer jener engagierten und hoffnungsvollen Menschen, die das Wagnis eingehen, ohne den Rahmen einer Organisation für ihr Leben, das ihrer Familie und weitere Menschen zu sorgen. Doch auch gute Ideen brauchen Geld, um in der Welt umgesetzt zu werden, und so lieh sich Erwins Vater etwas davon von einer Bank und gab als Sicherheit ein Stück seines geerbten Hauses. Die gute Idee wurde zu einem neuen Produkt und aus dem Produkt wurde tatsächlich ein Geschäft. Doch bald kamen Wettbewerber und das Geschäft wurde schwierig. Erwins Vater lernte, dass man nicht nur ein gutes Produkt braucht, sondern auch Geld, um sich gegen andere zu behaupten. Also tat er, was fast alle Unternehmer tun: Er ging zu seiner Bank und fragte nach mehr Geld. Die Bank gab sich offen, fragte Erwins Vater gleichzeitig nach weiteren Sicherheiten und wieder hielt das Haus her. Doch trotz des neuen Geldes lief alles nicht so gut und reibungslos, wie Erwins Vater es geplant hatte. Nach zwei Jahren brauchte er noch mehr Geld, sonst würde er sein Unternehmen mit großen Schulden schließen müssen. Schulden, aus denen er sein Leben lang kaum noch herauskommen würde, wie er Erwins Mutter am Abendbrottisch erklärte.

Die Bank hatte inzwischen alle verwertbaren Rechte am Haus von Erwins Vater und sie sagte, es gäbe nur weiteres Geld, wenn auch Erwins Mutter einen Schein für neue Schulden unterschreiben würde.

»Meine Frau wird nichts unterschreiben, sie hat mit der Firma nichts zu tun«, hatte Erwins Vater den Menschen von der Bank geantwortet.
»Haben Sie etwa so wenig Vertrauen in Ihr eigenes Unternehmen, dass nicht einmal Ihre eigene Frau dafür bürgen würde?«, fragten die Menschen von der Bank zurück.
Erwins Mutter weinte in den folgenden Wochen viel und ihr Sohn tröstete sie. Doch auch das hörte auf und das Leben ging weiter. Erwins Vater kaufte zusätzliche Maschinen und stellte weitere Leute ein. »Expandieren« war das Wort, das Erwin damals lernte. Da war er schon vierzehn und besuchte das Gymnasium. Erwins Vater hatte gesagt, das Gymnasium sei wichtig, damit er später studieren und dann die Firma übernehmen könne. Erwin wollte den Betrieb nicht übernehmen, wegen der vielen Sorgen, aber die Vorstellung zu studieren fand er schön. Es schien ihm die einzige Möglichkeit zu sein, um noch länger in die Schule gehen zu dürfen und nicht die Verantwortung und Sorgen seines Vaters mittragen zu müssen.
Kurz nach Erwins achtzehntem Geburtstag war das Expandieren zu Ende, weil das Geld zu Ende war, und Erwins Vater saß wieder in der Bank.
»Mein Sohn wird da nicht hineingezogen werden, er hat mit der Firma nichts zu tun«, antwortete Erwins Vater den Menschen von der Bank.
»Wird Ihr Sohn denn nicht Ihr Unternehmen übernehmen?«, fragten die Bankmenschen zurück.
»Doch, natürlich«, antwortete Erwins Vater nicht ohne Stolz. »Aber erst einmal muss er studieren.«

»Das ist sehr gut und macht gar nichts aus«, sagten die Menschen von der Bank. »Hauptsache, er ist volljährig und steht Ihnen in Ihrem Unternehmen irgendwann zur Verfügung.«
Am Abend nach diesem Gespräch hatte Erwins Vater seinem Sohn Papiere gezeigt, von denen Erwin allerdings nicht viel verstand, außer dass sie ihm Angst machten. Es waren viele Seiten, an der linken oberen Ecke zusammengeklammert, und sie sahen sehr offiziell aus. Erwin erinnerte sich an kaum etwas, was sein Vater ihm dazu erklärte, nur daran, dass er nun erwachsen war und die Zukunft der Familie und des väterlichen Unternehmens offenbar gerade von ihm, einem Schüler, abhing. Der Druck auf seiner Brust machte ihn fast ohnmächtig und er wollte nur noch eines: dass dieses Gespräch so schnell wie möglich zu Ende wäre. Also unterschrieb er, was er nicht verstand, und verschwand in seinem Zimmer.
Nach etwa einem Jahr war Erwin gezwungen, sein Studium abzubrechen, weil er dringend in der Firma seines Vaters gebraucht wurde. Und ohne genau zu wissen, wie es dazu gekommen war, erlebte er eines ganz deutlich: Er selbst hatte nicht wirklich die freie Wahl, was er mit seinem Leben anstellen wollte.
Nach vielen Jahren schafften Vater und Sohn es gemeinsam, das Unternehmen in die Erfolgszone zu bringen. Doch für Erwin waren es keine glücklichen Jahre. Ständig kämpfte er darum, ein selbstständiger erwachsener Mensch sein zu dürfen, anstatt wie ein Kind seinem Vater folgen zu müssen. Und so gut sich der Geschäftserfolg letztlich auch entwickelte, eines hatte Erwin in all den Jahren als Sohn im väterlichen Unter-

nehmen überhaupt nicht: Glück in der Liebe. Genau genommen hatte er nicht einmal das, was man eine Beziehung nennen konnte. Seine Erfahrungen mit Frauen schienen ihm eher wie eine Aneinanderreihung von Varianten des Scheiterns. Irgendwann erkannte Erwin, dass er sich nie wirklich erwachsen fühlen würde, solange er jeden Tag mit seinem Vater zusammen wäre.

»Vater, diese Firma ist dein Kind, nicht meines«, sagte er eines Tages. »Ich werde nie das Gefühl haben, selbst etwas erschaffen zu haben, weil ich mit der Grundidee nichts zu tun habe. Aber viel schlimmer ist für mich, dass ich immer das Gefühl haben werde, dein kleiner Junge zu sein, ganz gleich, was du auch sagst oder tust. Und das will ich nicht. Ich möchte mein eigenes Leben aufbauen, mit einer Frau und einer Familie.«

Er nahm sein bis dahin erspartes kleines Vermögen und zahlte damit seine anteiligen Schulden bei der Bank zurück. Als Unternehmersohn begann er mit dem, was er gelernt hatte, und baute sich selbst eine kleine selbstständige Existenz auf. Nur er und die Frau, die er bald nach seiner Entscheidung gefunden hatte. So viel wie im Unternehmen seines Vaters verdient er nicht mehr, aber es reicht für ein glückliches und freies Leben.

Ihre Anziehung und das unsichtbare Netz

Sie ziehen nicht einfach das an, was Sie sich wünschen. Sie ziehen das an, was Sie SIND. Und Sie sind keine Insel. Sie sind nicht einfach nur ein völlig autarkes, von anderen abgeschnittenes Individuum. In Ihnen wirken immer auch die Kräfte der Menschen, mit denen Sie in Verbindung stehen - je näher, desto mehr. Die stärksten Kräfte, die von einem anderen Menschen auf Ihr System einwirken, entstehen, wenn jemand versucht, Sie an sich zu binden oder Sie zu manipulieren. In beiden Fällen wirkt dann in Ihrer Ausstrahlung ganz deutlich die andere Person und der gesamte Konflikt von Ihnen beiden mit.

Sie haben das vielleicht auch schon erlebt: Jemand, der gerade ein Problem mit sich herumträgt, wirkt völlig anders als jemand, der sich frei fühlt. Wenn Sie einem Menschen begegnen, der bei jeder Gelegenheit daran denkt, was wohl Vater, Mutter, Partnerin, Partner oder Chef hierzu oder dazu sagen würden, haben Sie nicht mehr den Menschen selbst vor sich. Dann erleben Sie eine Art Hülle, die zum großen Teil mit der Energie von anderen angefüllt ist. Dies ist dann in diesem Moment der Magnet.

Nun ist Ihr Verbundensein mit anderen Menschen ein völlig normaler und natürlicher Teil des Menschseins und Ihre Kontakte sind der vielleicht sogar wichtigste Teil Ihres Lebens. Doch wenn eine oder zwei Personen derart stark auf Sie einwirken, dass Sie auf Ihrem Lebensweg und in Ihrer freien Entwicklung blockiert werden, lohnt es sich, genau hier näher hinzusehen. Ihre Wünsche und Sehnsüchte werden es schwerer haben, sich zu erfüllen, wenn jemand Sie nicht auf ihre Spur kommen lässt.

Bildlich gesprochen, wird es schwerer werden, einen wirklich passenden Partner in Ihr Leben zu ziehen, wenn in Ihrer Ausstrahlung Ihr Chef, Ihr Expartner oder Ihre Mutter deutlich mitwirken.
Ein gutes Beispiel sind Eltern, die ihre Kinder auch im Erwachsenenalter noch intensiv an ihr eigenes Leben binden. Die inzwischen körperlich erwachsenen Kinder fragen sich dann immer wieder, warum sie keine erfüllende Partnerschaft finden, sondern immer wieder Partner anziehen, die sich ähnlich wie Mama oder Papa verhalten.

»Der Mensch, der bereit ist,
seine Freiheit aufzugeben,
um Sicherheit zu gewinnen,
wird beides verlieren.«

Benjamin Franklin
amerikanischer Verleger, Schriftsteller,
Naturwissenschaftler und Staatsmann
* 17. 01. 1706 in Boston, Massachusetts
† 17. 04. 1790 in Philadelphia, Pennsylvania

Das unsichtbare Netz klären

Wenn Ihre Seele nicht glücklich ist, können Sie als Mensch nicht glücklich sein. Und Ihre Seele wird glücklich, wenn sie frei fliegen kann. Ihre Seele fliegt, wenn Sie als Mensch Ihren Wünschen und Sehnsüchten frei folgen können.
In dem Netz aller Menschen, mit denen Sie zu tun haben, gibt es viele Teilnehmer, doch nur wenige haben für Ihr Lebensglück und für Ihre Beziehungen wirklich eine Bedeutung. Wenn Sie das Netz »klären« möchten, um Ihr Leben und Ihre Anziehung deutlicher auszurichten, müssen Sie immer drei Dinge tun: Entscheidungen treffen, aktiv handeln und gleichzeitig Opfer erbringen. Die Opfer sind das, vor dem manche lange zurückweichen, dabei wartet genau hinter diesen Opfern das Lebensglück.

Die Erkundung

Als Erstes finden Sie die eine oder die zwei, drei Personen heraus, die ständig direkt und spürbar auf Ihr Leben einwirken. Dass jemand auf Sie »einwirkt«, bedeutet, dass Sie selbst sich der Bewertung durch diese Person ausgesetzt fühlen. Ein guter Hinweis ist, wenn Ihre Gedanken sich immer wieder um die Meinung oder das Verhalten dieser Person drehen. Es geht hier nicht darum, jemanden zu verurteilen. Es geht nur darum, den Fluss der Kräfte in Ihrem Leben aufzudecken.
Stellen Sie sich für Ihre Suche die Fragen: »Wer bewertet mich? Und wer lässt mich sein, wie ich bin, und/oder fördert meinen Weg, frei und selbstständig zu sein?«

Die Erkenntnis

Nun haben Sie vielleicht eine oder auch zwei Personen im Fokus. Diejenigen, denen Sie es recht machen wollen, haben viel Macht über Ihr Leben. Manche nutzen diese Macht nicht, andere versuchen jedoch, mit dieser Macht ihre eigenen Bedürfnisse zu stillen. Suchen Sie sich eine dieser Personen aus und fragen Sie sich nun weiter:

Warum fühlen Sie diese scheinbare unausgesprochene Verpflichtung? Es muss entweder ...

a) eine Art Schuld bestehen, die Sie noch spüren und nicht ausgeglichen haben, oder
b) es ist eine alte Kindheitsreaktion, was bedeutet, Sie fühlen sich der Person unterlegen und möchten sich von ihr gesehen, anerkannt oder geliebt fühlen.

Welche Bedeutung gestatten Sie dieser Person in Ihrem Leben?

a) Falls es eine alte Kindheitsreaktion ist, fühlt sich die andere Person immer wieder dazu ermutigt, sich Ihnen gegenüber wie ein Vater oder eine Mutter zu verhalten. Dann könnten Sie Ihr altes Elternthema näher ansehen und dort weiter untersuchen. Hier finden Sie den Punkt für die Veränderung.
b) Wenn Sie in einer Art Schuld stehen, hilft es Ihnen nur, diese Schuld irgendwie auszugleichen. Lösen Sie sich selbst aus der Verpflichtung. Falls es bei der Schuld gegenüber einer Person um Geld geht, liegt Ihr Weg in die Freiheit darin, mit höchster Priorität alles zu tun, um von der Geldschuld frei zu werden.

Falls Sie sich eher emotional verpflichtet fühlen, könnten Sie genau hinsehen, ob es nicht schon längst ausgeglichen ist. Vielleicht haben Sie schon genug getan. Manche Menschen arbeiten ein halbes Leben für jemanden, nur weil dieser ihnen einmal besonders geholfen hat. Die »ewige Dankbarkeit« ist eine deutliche Überreaktion und bindet Sie an diesen Menschen. Ihre Seele sehnt sich jedoch nach Freiheit, nicht nach Verpflichtung. Fragen Sie also Ihr Herz oder Ihre innere Gerechtigskeitswaage, ob der Dank inzwischen abgegolten ist.

Welche Erlaubnis haben Sie der Person für das gegeben, was sie mit Ihnen und Ihrem Leben macht? Haben Sie je darum gebeten, von ihr kommentiert oder beurteilt zu werden? Wann war das? Ist die Erlaubnis heute noch aktuell? Sie können jeden Morgen neu entscheiden. Und dann kommunizieren Sie den Entzug der Erlaubnis in Form von deutlichen Verhaltensänderungen.

Haben Sie der Person diese Position in Ihrem »Lebensunternehmen« zugewiesen oder hat die Person sich diese Stelle selbst genommen? Sie können jeden Tag neu entscheiden, ob Sie diese Stelle vergeben und wenn ja, wer sie bekommen soll.

Die Umsetzung

Angenommen, Sie haben eine Person herausgefunden. Völlig gleichgültig, in welchem Verhältnis dieser Mensch biologisch, materiell oder sozial zu Ihnen stehen mag, betrachten Sie eines besonders: Lebt diese Person von Ihnen, mit Ihnen, durch Sie oder gegen Sie?

Was förderlich und was ausnutzend ist, können Sie mit einer einfachen Frage auf den Punkt bringen: Möchte diese Person, dass Sie frei werden? Freiheit ist der Prüfstein. Ist die Person selbst am meisten berührt, wenn sie Sie in den Himmel fliegen sieht? Oder versucht sie in Wahrheit, Sie am Boden zu halten? Falls Sie in einem Käfig sitzen, kann Ihr Herz nicht nach draußen fliegen und andere Herzen berühren. In einem Käfig sitzend, ist Ihre dringlichste Aufgabe nicht diejenige, einen passenden Partner zu suchen oder sich stärker auf seine Wünsche auszurichten, sondern schnellstmöglich aus dem Käfig herauszukommen. Schieben Sie alle Ideen von erfüllender Partnerschaft beiseite, sie werden innerhalb des Käfigs nicht zustande kommen. Der Ritter, der mit dem Schwert die Dornenhecke dauerhaft zerteilt, kommt nur sehr selten. Sie müssen selbst aus dem Turm heraus und ihm entgegengehen, sonst reitet er immer wieder vorbei. Nützen Sie all Ihre Kraft für Ihre Befreiung aus dem Gefängnis. Wenn Sie draußen sind, wird das Partnerthema wie von selbst wieder nach oben rutschen. Aber dann wird sich etwas sehr deutlich und positiv für Ihr Leben verändert haben.

»Alles Leiden entsteht aus Nichtwissen.«

XIV. Dalai Lama
buddhistischer Mönch und Oberhaupt der Tibeter
* 06. 07. 1935 in Takster, Tibet

Der Herzberater und die vierte Erkenntnis

Sie sind in jedem Augenblick Teil eines unsichtbaren Netzwerkes aus Beziehungen zu anderen Menschen. Die Kräfte, die dieses Netzwerk knüpfen, wirken auch dann, wenn Sie eine Person nicht direkt in Ihrer Nähe haben. Besonders die etwas engeren Beziehungen lösen in Ihnen Gefühle aus und Ihre Gefühle wiederum wirken wie ein Magnet auf andere Menschen. Auf diese Weise wirken Freundes- und Bekanntenkreis, Arbeitskollegen oder Familienmitglieder mit darauf ein, wen oder was Sie anziehen oder nicht. Wenn beispielsweise Paare zu Eltern oder Frauen zu Müttern werden, ändern sich oft in kurzer Zeit sehr viele Netzwerkverbindungen. Auch wenn ein Mensch auffällig Karriere macht, ändert sich als Folge oft sein Netzwerk. Sich als Teil einer solchen immerwährend und immer neu verbundenen Gemeinschaft aus Menschen zu fühlen ist ein wundervoller Teil des Menschseins. Man erfährt sich selbst als Teil eines größeren Ganzen.

Nur für den Fall, dass im eigenen Leben gerade etwas feststeckt, könnte man sich ansehen, ob vielleicht eine Person im Netzwerk eine besondere Position eingenommen hat, die so deutlich in das eigene Leben hineinwirkt, dass die eigene Herzenskraft nicht klar und deutlich nach außen strahlen kann. In Wahrheit geht es also gar nicht darum, aktiv mehr Liebe zu erzeugen, sondern darum, den Fremdeinfluss zu verringern.

Falls Sie eine solche Situation in Ihrem Leben feststellen, können Sie den betreffenden Platz in Ihrem Netzwerk wieder zurechtrücken. Mehr darüber erfahren Sie in der folgenden Erkenntnis.

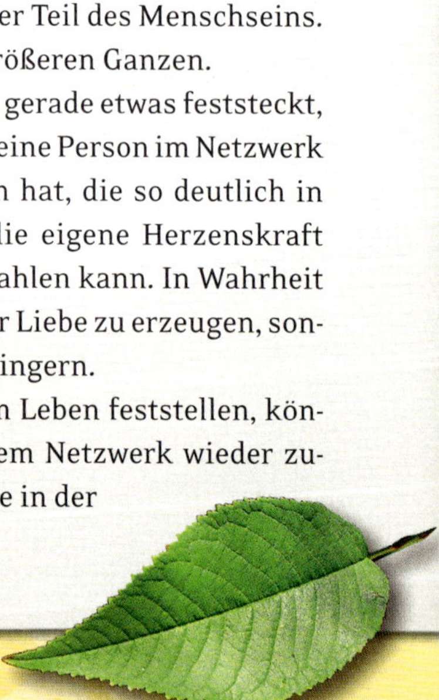

Die 5. Erkenntnis

Die vertauschten Plätze

In Ihrem Leben gibt es klare Plätze für alle Menschen, die mit Ihnen in Verbindung stehen. Wenn nur einer nicht an seinem vorgesehenen Platz ist, verschiebt sich das gesamte Gefüge für alle anderen.
Ordnen Sie diese Kräfte und der Platz für das, was Ihnen noch fehlt, wird frei.

Für etwas, was Sie sich ersehnen, können Sie sich einen inneren Raum einrichten. Anstatt hinsichtlich eines unerfüllten Wunsches immer wieder Mangel zu spüren, können Sie bereits jetzt damit beginnen, einer ersehnten Person oder einem Ereignis einen Platz in Ihrem Leben zu geben. Dieses Gefühl, einen freien Platz für etwas zu haben, ist eine starke positive Grundkraft, welche die zugehörigen Ereignisse anziehen wird.
Gleichzeitig gibt es Gegenkräfte, die sich bewegen, sobald Sie diesen Platz in Ihrem Leben schaffen möchten. Bildlich gesprochen, könnte man sagen, wenn Sie einen Raum frei machen, wird jemand, der sich bislang darin aufhielt, seinen alten Platz verlassen dürfen. Manches wird Ihrer klaren Absicht leicht folgen, doch manches oder manche werden nicht freiwillig den alten Platz hergeben wollen. Genau hier liegt ein Schlüssel für eine große Wandlung in Ihrem Leben.

Evelyns Ohnmacht

Evelyn wuchs sehr behütet auf. Beide Eltern kamen aus ärmlichen Verhältnissen und hatten es im Leben durch Ausdauer und Fleiß zu einem gewissen Wohlstand gebracht. Evelyn war das einzige Kind und die Eltern wollten ihrer Tochter den bestmöglichen Start ins Leben ermöglichen. Doch irgendwie verpassten alle den dafür richtigen Zeitpunkt und mit vierunddreißig lebte Evelyn noch immer in der kleinen Einliegerwohnung in der unteren Etage ihres Elternhauses. Immer wieder

einmal warb der eine oder andere Mann um Evelyns Gunst, doch letztlich waren alle Beziehungsversuche das, was Evelyn für sich selbst »kläglich« nannte. Liebeskummer, Einsamkeit und Lebensfrust wurden immer deutlicher.
Besonders Evelyns Mutter war in den Stunden des Kummers für ihre Tochter da. Dann kochte sie Evelyns Lieblingsessen, stellte Blumen auf den Tisch, kümmerte sich besonders um Evelyns Wohnung und um die Wäsche.
In Evelyn erzeugte das zwei sehr starke Gefühle: eine vertraute Geborgenheit und gleichzeitig ein albtraumhaftes Gefühl innerer Ohnmacht. So als würde das Leben und alles um sie herum sie gefangen halten und sie selbst war wie gelähmt und schaffte es nicht, aus diesem Albtraum aufzuwachen. Immer wenn diese Gefühle besonders übermächtig wurden, verkrampften sich nicht nur Evelyns Gedanken, sondern auch ihr Bauch. Sie hatte dann das Gefühl, als würde sich ihr Magen wie eine kleine steinharte Faust zusammenballen.
Evelyn war siebenunddreißig, als sie eines Tages übermächtige Bauchschmerzen bekam. Ihre Mutter fuhr sie ins Krankenhaus und nach umfangreichen Untersuchungen stellte man fest: Evelyn hatte Magenkrebs im fortgeschrittenen Stadium. Die Erkrankung wurde spät festgestellt und der Magen musste zum größten Teil entfernt werden. Evelyns Mutter stand ihr bei.
Die Behandlung verlief gut und der Krebs, so bestätigten die Ärzte nach intensiven Nachuntersuchungen, war besiegt worden. Evelyn musste nun zwar sehr auf ihre Ernährung achten, doch sie stellte auch einen positiven Aspekt an der Sache fest:

In ihrem Bauch verkrampfte sich nichts mehr. Das albtraumhafte Gefühl, das sie so oft tagelang in die Knie gezwungen hatte, war deutlich weniger geworden. Evelyn dankte Gott, dass sie am Leben bleiben durfte, und versprach, sich nun mehr zu schonen und weniger aufzuregen. Ihre Mutter fand diesen Entschluss gut und versprach ihrerseits, alles zu tun, um sie dabei zu unterstützen. Von nun an war sie noch häufiger bei Evelyn. Und weil die Mutter wusste, dass die Ernährung eine besondere Bedeutung hatte, bedrängte sie ihre Tochter, ihr beim Kochen helfen zu dürfen.

Eigentlich wollte Evelyn nur eines: allein ihr Leben führen. Doch ihre Mutter wollte ja nur das Beste! Zudem hatte Evelyn sich auch selbst versprochen, sich mehr zu schonen und weniger aufzuregen. So stand sie an ihrem Küchenherd, Schulter an Schulter mit ihrer meist sorgenvoll plappernden Mutter, spürte, dass ihr Magen sich nicht mehr verkrampfte, und zitterte gleichzeitig vor innerer Anspannung und Wut gegen die Frau neben sich, die sie nicht ihr Leben leben ließ. Doch immer, wenn sie ihre Mutter am liebsten angeschrien hätte, sie solle endlich still sein, ließ ein dicker Kloß in ihrem Hals sie verstummen. Evelyn fühlte sich wie in einem Gefängnis, das sich immer enger um sie schloss, obwohl sie es nicht sehen konnte. Ein halbes Jahr später starb Evelyns Vater an den Folgen eines Herzinfarkts. Diese bedeutsame Veränderung im Familien-Dreierverbund war Evelyns große Chance. Vater war verschwunden und Mutter war mit ihrer Trauer beschäftigt. Evelyn spürte, wie sich ihre unsichtbaren Fesseln etwas lockerten.

Eine Freundin half ihr dabei, eine kleine Wohnung in der nahe gelegenen Stadt zu finden, und ehe ihre Mutter sich richtig sammeln konnte, war Evelyn ausgezogen. Natürlich gab es viele Vorwürfe und Klagen, doch Evelyn wusste, dass sie genau jetzt ausziehen musste oder sie würde es nie mehr schaffen. Sonst würde sie, wie einige Frauen, die sie kannte, am Ende als alte Jungfer ihre Mutter pflegen, nur um vielleicht danach allein und innerlich vertrocknet im geerbten Haus ihrer Eltern auf ihr eigenes Ende zu warten.

Die Zeiten mit Kloß im Hals wurden in den folgenden Monaten weniger, besonders als sie gelernt hatte, dass sie Anrufe ihrer Mutter nicht zu jeder Zeit entgegennehmen musste. Da Evelyn nicht mehr oft nach Hause fuhr, verlegte sich ihre Mutter darauf, sie einmal in der Woche zu besuchen, und bei jedem dieser Besuche musste Evelyn sich anhören, dass das Elternhaus nun zu viel Arbeit für eine alleinstehende Frau sei. Evelyn bekam dann immer ein schlechtes Gewissen und hätte ihre Mutter am liebsten aus der Wohnung geschickt oder ihr den Mund zugehalten. Doch der altbekannte dicke Kloß im Hals erstickte ihre Worte.

Etwa ein Jahr nach ihrem Auszug nahm Evelyn wieder einmal einen Anruf ihrer Mutter entgegen und was sie nun hörte, schickte sie zurück in ihren alten Albtraum.

»Stell dir vor, mein Schatz, ich habe das Haus verkauft. Es war sowieso viel zu groß für mich und was soll ich dort allein? Du bist meine Familie. Und du wirst es nicht glauben: Derselbe Makler, der mein Haus verkaufte, hatte die Wohnung genau über deiner in seinem Angebot. Da habe ich ungesehen zugesagt.«

Evelyns Kloß im Hals verhinderte nun nicht mehr nur eine Antwort, sie glaubte fast daran zu ersticken.
Die Mutter zog also zu ihrer Tochter und wenige Monate später musste Evelyn wegen ihrer Schluckbeschwerden ins Krankenhaus. Dort stellte man fest, dass der Krebs zurückgekommen war - im Kehlkopf. Evelyn wusste, dass sie nun am Ende ihrer Reise angekommen war. Alle Ideen, einen Partner zu finden, eine Familie zu gründen und wie ein ganz normaler Mensch glücklich sein zu können, lösten sich schlagartig in nichts auf. Vielleicht würde sie ihr Leben verlieren, vielleicht »nur« ihre Stimme, doch wie auch immer diese Geschichte ausgehen würde, ihr Leben war nun an einem Punkt, an dem sich entweder alles komplett ändern musste oder sie sterben würde.
Evelyn ließ die Behandlungen durchführen, die sie schon kannte. Dann löste sie ihre Wohnung auf, packte zwei große Koffer und flog unter Klagen und Jammern ihrer Mutter an den Ort, der am weitesten entfernt war: nach Australien. Schon immer hatte Evelyn in dieses Land reisen wollen, um zu sehen, wie Kängurus im Sonnenuntergang durch die Steppe hüpften. Dieses Bild, das sie seit Jahren als eine Postkarte auf ihrem Nachttisch stehen hatte, war für sie der Inbegriff von Freiheit geworden. Und ehe sie vielleicht bald sterben würde, wollte sie es selbst erleben.
Insgesamt war Evelyn neun Monate in Australien unterwegs und sie starb nicht. Als sie zurückkam, hatte sie mehr neue Eindrücke gesammelt als in ihrem ganzen Leben zuvor. Sie

nahm sich eine Wohnung in einer Stadt, die von ihrem Heimatort weit entfernt lag, und begann ihr neues Leben.
Durch die lange Reise war der Verbindungsfaden zu ihrer Mutter immer dünner geworden und bei ihrer Rückkehr fühlte sich Evelyn so erwachsen und unabhängig wie nie zuvor. Sie fand eine Stelle als Kundenbetreuerin in einem kleinen Versandgeschäft und nach einem weiteren halben Jahr lernte sie den Mann kennen, mit dem sie heute lebt und einen Sohn hat. Zu ihrer Mutter pflegt sie inzwischen eine Beziehung, die von Liebe, Achtung und Respekt geprägt ist, aber auch von bewusstem Abstand. Evelyn hat heute das Gefühl, als hätte sie sich im letztmöglichen Moment ihr Leben zurückgeholt.

Die Wirkung der vertauschten Plätze auf Ihren Herzmagneten

In Ihrem Herzen gibt es Plätze für alle Menschen, die mit Ihnen verbunden sind und Ihnen innerlich nahestehen: Eltern, Geschwister, Freunde, Kollegen, Partner, Kinder ... Innerhalb dieser Plätze gibt es, wie in einem Netzwerk, eine Ordnung. Beispielsweise ist die Liebe und Verbindung zum eigenen Vater nicht dieselbe Liebe wie zum eigenen Kind oder die Liebe zum Ehepartner.
Wenn innerhalb dieser natürlichen Ordung aller Plätze in Ihrem Herzen ein Platz gerade frei ist, können Menschen, die Ihnen nahestehen, versuchen, diesen Platz mit zu übernehmen.

Vielleicht füllt ein Bruder, die Mutter oder die beste Freundin übergangsweise den Platz des fehlenden Partners aus. Das wäre nicht ungewöhnlich, denn Ihre Herzenswärme ist angenehm für jeden, der sie erfahren darf. Für Sie selbst kann es jedoch unbefriedigend werden, auf Dauer mit Ihrer Mutter zusammenzuwohnen, ständig mit ihr ins Kino zu gehen oder mit ihr gemeinsam in den Urlaub zu fahren, anstatt mit einem geliebten Partner zusammen zu sein.

Falls dies übergangsweise so ist, wird es wahrscheinlich kein Problem werden, aber falls die andere Person beginnt, sich an diesen Platz so zu gewöhnen, dass sie sich schon fast wie Ihr Partner fühlt, wird es für Sie immer schwerer werden, einen echten Partner anzuziehen. Potenzielle Bewerber fühlen unbewusst, dass die Stelle bereits besetzt ist.

Häufig ist der Partnerplatz von Eltern oder einem geliebten Geschwister belegt. Bei vielen längst erwachsenen Menschen spielen ein oder beide Elternteile eine derart bedeutsame Rolle, dass ein neuer Partner seinen Platz nicht wirklich einnehmen kann. Daraus entsteht dann das bekannte »Schwiegermutterproblem«. Nicht die Schwiegermutter selbst, ihr Verhalten oder ihre Eigenschaften sind das Problem, sondern der Platz, der ihr in der Partnerbeziehung ihres Kindes gewährt wird. Wenn ein Sohn seiner Mutter nicht liebevoll und klar die Schranken zeigt, wird die Frau an seiner Seite immer Probleme haben, sich angenommen und geliebt zu fühlen.

Diese wichtige Entscheidung über diesen Partnerplatz muss nie der hinzugekommene Partnerteil treffen, sondern immer das Team aus Kind und Elternteil.

»Wenn du das Land in Ordnung bringen willst,
musst du die Provinzen in Ordnung bringen.
Wenn du die Provinzen in Ordnung bringen willst,
musst du die Städte in Ordnung bringen.
Wenn du die Städte in Ordnung bringen willst,
musst du die Familien in Ordnung bringen.
Wenn du die Familien in Ordnung bringen willst,
musst du deine eigene Familie in Ordnung bringen.
Wenn du deine eigene Familie in Ordnung bringen willst,
musst du dich in Ordnung bringen.«

asiatische Weisheit

Vertauschte Plätze und was Ihr Herzmagnet anziehen kann

Falls ein Elternteil sich ganz oder teilweise auf Ihren Partnerplatz gesetzt hat, wird Ihr Herzmagnet vor allem drei Menschentypen anziehen:

1. Nehmer und Bestimmer, also Menschen, die sich ebenfalls einfach einen Platz bei Ihnen ergreifen, ohne zu fragen.
2. Menschen, die sich ebenfalls von anderen bestimmen lassen und sich nur schwer durchsetzen können.

3. Erwachsene, die tendenziell Eigenschaften kleiner Kinder aufweisen, also solche, die ihr eigenes Leben nicht auf die Reihe bekommen und von Ihnen erwarten, dass Sie eine Mutter- oder Vaterrolle einnehmen.

In keinem dieser Fälle hat jemand Schuld daran oder etwas falsch gemacht. Es sind die Lebenskräfte des Menschseins, die hier unerkannt wirken. Wenn Sie oder der andere eine solche Kraft erkennen, verliert sie viel von ihrer Wirkung. Und wenn Sie dann noch entsprechend handeln, wird die Wirkung fast ganz verschwinden. Dann erhalten Sie sozusagen einen ganz neu ausgerichteten Magneten.

Unsichtbar, aber wirksam: das innere »Kleinsein«

Erwachsene, die sich klein fühlen, ziehen entweder ebenfalls Kindertypen oder Elterntypen an. Energetisch - also für andere fühlbar - »klein« ist, wer sich wie ein Kind fühlt. Wo ist die Quelle für dieses Gefühl? Wo ist das Ereignis, das dieses Gefühl immer wieder aktiviert und sozusagen »im Magneten aktiv hält«? Sobald Sie mit Ihren Eltern zusammenkommen, sind Sie immer auch in der Rolle des Sohns oder der Tochter gegenüber Vater oder Mutter. Für das *Gefühl* Ihrer Eltern sind Sie fast immer »mein Kleiner« oder »meine Kleine«, selbst wenn Sie inzwischen fünfzig Jahre alt sind. Mit dem Verstand werden sich Eltern natürlich sagen: »Meine Kleine/mein Kleiner ist nun erwachsen geworden.« Aber ihr Herz und ihre Erinnerung sehen noch immer das Kind von damals. Das alles ist normal, so haben die Natur und die Schöpfung es vorgesehen. Gleichzeitig wirkt es auf Ihre Ausstrahlung, weil Sie sich bei jedem Kontakt immer wieder auch als Kleiner/Kleine fühlen. Je häufiger Sie in sich dieses Gefühl erzeugen lassen, desto stärker wird es in Ihnen wirken und nach außen strahlen.

»Wer seine Krankheit kennt,
ist nicht mehr wirklich krank.«

Lao-Tse
chinesischer Philosoph, Begründer des Taoismus
6. Jahrhundert v. Chr.

Die vertauschten Plätze korrigieren

Was will ich von der Welt? Was gebe ich dafür? Um etwas Neues zu bekommen, müssen Sie etwas Altes opfern. Im Fall der vertauschten Plätze müssen Sie eine bestimmte und vielleicht gewohnte Art von Beziehung opfern. Nicht den Kontakt zum Menschen selbst. Nur das, was er oder sie mit Ihnen und Ihrem Leben macht. Diese alte Vertrautheit loszulassen, um Raum für einen neuen Menschen im Leben zu schaffen, ist für viele zunächst ein großes Opfer. Und danach eine große Erlösung.

Die Erkundung

Mit die stärksten bindenden Kräfte in Ihrem Leben kommen von Mutter, Vater oder nahen Verwandten. Doch es kann auch ein anderer Mensch sein. Gute Freunde, die selbst in keiner erfüllenden Partnerschaft leben, könnten sich unbewusst auf Ihren freien Herzensplatz gesetzt haben. Oft sind auch Haustiere unbemerkt ein Partnerersatz geworden. Natürlich geht es nicht darum, sich von dem lieb gewonnenen Tier oder einem Freund zu trennen. Es geht nur darum zu erkennen, was man selbst vielleicht daraus gemacht hat, und diese »Erlebnisweise« wieder zurechtzurücken. Untersuchen Sie in sich selbst, an wen Sie sich emotional wenden, wenn Sie sich einsam fühlen oder Liebessehnsucht haben.

Die Erkenntnis – Wie Ihr Herzensplatz sich von selbst füllte
Wie kommt es, dass der Platz für einen Lebenspartner scheinbar wie von selbst von jemand anderem besetzt wurde und Sie es vielleicht gar nicht so genau merken?
Drei Kräfte in Ihnen können Menschen dazu einladen, sich unpassenderweise auf dem Platz eines kommenden oder Ihres derzeitigen Partners wohlzufühlen.

Die Angst vor Einsamkeit oder Unerfülltheit
Was unbewusst geschieht: »Lieber irgendjemand als einsam.« Ihr mögliches Bekenntnis, um den Platz frei zu machen: »Lieber einsam als irgendjemand, der nicht passt.«

Der Wunsch nach Sicherheit
Zu zweit ist das Leben leichter und sicherer und so vergibt man manchmal unbewusst einen Teil der eigenen Freiheit an jemanden, der einem in der Partnerschaft Sicherheit und mehr Komfort verspricht.

Oder man bleibt vielleicht in der Wohnung der Eltern oder bezieht eine ganz in der Nähe des Elternhauses. Falls man noch nicht auf diese Idee gekommen ist, so denkt man vielleicht spätestens dann daran, wenn die Eltern vorzeitig ihr Haus übertragen wollen. Nun gehört einem sogar ohne Arbeit ein halbes oder ganzes Haus. Warum sollte man woanders dafür etwas bezahlen? Lieber den Eltern danken und das Erbe pflegen.
Solche Ereignisse können zu einem Gefängnis für das Herz werden.

Die Sehnsucht nach Trost und Nähe
Wenn es Ihnen nicht gut geht, hilft oft Trost - allerdings nur ein- oder zweimal. Längerfristig und dauerhaft stellt er keine Lösung dar. Dann wird aus den aufbauenden Impulsen ein Abhängigkeitszustand von gemeinsamem Jammern und Bemuttern - das hat mit Liebe nichts zu tun. Es vertieft nur die Verbindung mit dem »falschen« Partner.

»Zwei Dinge sollen Kinder von ihren Eltern bekommen: Wurzeln und Flügel.«

Johann Wolfgang von Goethe
deutscher Dichter
* 28. 08. 1749 in Frankfurt am Main
† 22. 03. 1832 in Weimar

Die Umsetzung – Jedem seinen richtigen Platz

Sie können nur glücklich sein, wenn Ihre Seele glücklich ist. Und Ihre Seele ist glücklich, wenn sie mit anderen Seelen zusammenkommen und Verbindung erleben darf. Um dies zu erreichen, wirkt Ihre Seele aus Ihrem Herzen heraus in die Welt hinein und wird von anderen Seelen erkannt. Dies kann umso kraftvoller und klarer geschehen, je reiner Ihre Herzensenergie strahlen kann. Falls Herzensplätze nicht richtig verteilt und besetzt sind, kann die Ausstrahlung deutlich verändert oder sogar blockiert sein.

Als Sie noch sehr klein waren, galt all Ihre Liebe und Sehnsucht Ihrer Mutter. Als Sie etwas größer wurden vielleicht auch Ihrem Vater oder einer weiteren Person. Als Sie vom Kind zum Erwachsenen wurden, entstand ein neuer Platz in Ihrem Herzen: der für Ihren Lebenspartner. Gleichzeitig wurde ein alter Platz in gleichem Maße kleiner: der für Ihre Mutter oder Ihren Vater. Bei manchen Elternteilen aktiviert diese Veränderung unbewusst Verlassensängste oder die instinktive Angst, das Kind verlieren zu können. Oder Sie fühlen sich wertlos und zurückgesetzt. Aus diesen Gründen beginnen sie, um das Herz ihres Kindes zu kämpfen.

Drei Entscheidungen für eine klare Ausrichtung und Anziehung

Die erste Entscheidung: Wer darf über Ihr Leben bestimmen?
Sie selbst, Ihre Kinder, ein Vorgesetzter, der Partner, Ihre Seele, Gott ... Was immer Sie für sich herausfinden, ist ein Teil Ihrer Klarheit und Ausstrahlung.
Die zweite Entscheidung: Wer wird seinen Platz verändern?
Die Plätze in Ihrem Herzen sind beliebt und nur Sie allein sollten darüber verfügen, wer und was sich auf Ihrem »Partnerplatz« aufhalten darf. Es ist nicht die Aufgabe eines Partners oder Bewerbers, sich den Platz in Ihrem Herzen zu erkämpfen, indem er andere verdrängt oder für sich gewinnt. Es ist allein Ihre Aufgabe, diesen Platz vorzubereiten. Die gute Nachricht dabei ist, dass Sie dieses entscheidende Thema vollkommen selbst in der Hand haben. Die manchmal unangenehme Nachricht ist, dass Sie klare Entscheidungen gegenüber bestehenden Platznutzern treffen und sie praktisch umsetzen müssen.
Die dritte Entscheidung: Wie weit würden Sie dafür gehen? Was sind Sie bereit zu opfern, um die Plätze in Ihrem Leben richtigzustellen?
Die Tatsache, dass Sie auf eine neue Entscheidung zusteuern, spüren die Betroffenen schnell. Manchmal fordern sie dann ihren Platz und Zuneigungsbekundungen nahezu ein. Falls Sie dies erleben, haben Sie eine große und wertvolle Aufgabe vor sich: Sie dürfen in Liebe zu den Menschen bleiben und sich gleichzeitig befreien. Tatsächlich versuchen manche Menschen sogar, einen anderen auf dem Weg zu seinem Lebensglück bis zu einem Bekenntnis zu bringen: Entweder er/sie oder ich. Ge-

nau hier liegt großes Befreiungspotenzial. Weichen Sie einem solchen Druck nicht durch Nettigkeit aus. Nehmen Sie die Entscheidung an und wählen Sie die Freiheit. Das ist vielleicht ein großer Schritt, doch das Leben wird Sie belohnen. Und wenn wirklich Freundschaft oder Liebe da ist, wird die Beziehung Ihre Entscheidung auch überstehen. Dann wird man sich auf neuem Niveau begegnen und den Weg zusammen weitergehen.

Der Herzberater und die fünfte Erkenntnis

Ihr Leben besteht aus einem Gefüge von Menschen, von denen jeder auf eine bestimmte Weise mit Ihnen in Verbindung steht. Dieses Gefüge mag sich scheinbar zufällig entwickelt haben, doch in Wahrheit gibt es keinen Zufall. Es gibt Kräfte und Auswirkungen. Und es gibt eine natürliche Ordnung in den Plätzen aller Beziehungen. Falls diese Ordnung an einem Platz gestört ist, wirkt sich dies vielleicht an einem anderen Platz spürbar aus. Dann kann nicht kommen, wer eigentlich dorthin gehören würde. Oder er/sie kommt zwar, fühlt sich jedoch nicht wohl und verschwindet wieder.

Die Richtigstellung Ihrer Beziehungen wird Ihr Leben deutlich in Bewegung bringen und in dieser Bewegung wird das Neue geschehen können, auf das Sie vielleicht schon lange warten. Dann werden Ihre Eindeutigkeit und Ausrichtung genau die Menschen und Ereignisse anziehen, auf die Sie bisher gewartet haben.

Die 6. Erkenntnis

Die Wirkung aller Dinge

Alle Gegenstände, die Ihnen gehören
und Sie umgeben, wirken auf Ihr Gefühl
und werden so zum festen Teil
Ihrer Ausstrahlung.
Wenn Sie mit den Wirkungen wissend
umgehen, richten Sie Ihr Leben
klar und kraftvoll aus,
damit angezogen wird, was
zu Ihnen gehört.

Die meisten Lebensumgebungen entstehen nicht plötzlich, sondern sie wachsen über viele Jahre hinweg. Auf diese Weise spiegelt ein bestimmtes Umfeld die Geschichte des Menschen wider, der sie erschaffen hat. Ist man auf dem Weg, sich von alten Mustern zu befreien, so hilft es, auch die sichtbar dokumentierte Geschichte um sich herum zu verändern.

Manche Gegenstände, die einen umgeben, haben stärkere Wirkungen auf das eigene Gefühlsleben als andere. Solche wissentlichen oder unbewussten Symbole können eine enorme Wirkung auf Ihr Leben und Ihre Anziehung haben. Ein Symbol kann ein Gegenstand sein, der in Ihnen immer wieder bestimmte Erinnerungen oder Gefühle auslöst. Oder es ist ein symbolischer Ort, den Sie nach einem unschönen Erlebnis am liebsten meiden. Oder eine Verhaltensweise, die Sie als negativ erlebt haben und nun bei anderen wie ein Symbol für etwas ansehen.

Ganz eindeutig sind - neben den Menschen um Sie herum - auch die Dinge in Ihrer Umgebung nicht ohne Wirkung auf Sie. Wenn Sie Ihre Ausrichtung klarer und kraftvoller gestalten möchten, lohnt es sich, diese Wirkung der Dinge im eigenen Umfeld genauer anzusehen. Vielleicht liegt genau hier etwas verborgen, was Ihnen unbemerkt Ihren Weg erschwert.

Katrins Entscheidung

In ihrer Jugend hatte Katrin einige schöne, aber auch sehr viele weniger schöne Erfahrungen mit ihrem Vater gemacht. Als er schließlich starb, war ein Teil von Katrin über den Verlust tieftraurig, und ein anderer Teil atmete auf. Nun musste sie keine Rechtfertigungen und Erfolgsberichte mehr über das eigene Leben abliefern. Sie musste sich nicht die ständigen Vergleiche mit ihrem erfolgreichen Bruder anhören. Und sie musste ihrem Vater nicht mehr die brave Tochter vorspielen, während sie gleichzeitig die Kindheitsereignisse nicht vergessen konnte. Mit dem Dahinscheiden von Katrins Vater kamen Trauer und Erleichterung im Doppelpack.

Katrins Mutter hatte ebenfalls unter ihrem Mann gelitten, doch niemals hätte sie darüber ein Wort verloren. Stattdessen lobte sie den Verstorbenen in hohen Tönen. Nach einigen Monaten, bei einem Sonntagsbesuch, holte Katrins Mutter eine silberne Schreibtischuhr hervor und stellte sie vor Katrin auf den Kaffeetisch. »Das war die Uhr deines Vaters«, sagte sie. »Er wollte, dass du sie bekommst. Halte sie in Ehren.«

Katrin kannte diese Uhr mit ihren altmodischen römischen Ziffern auf dem messingfarbenen Hintergrund seit früher Jugend. Sie hatte ihr nie besonders gefallen. Durch den Tod ihres Vaters und dessen letzten Wunsch bekam dieses alte Stück nun eine besondere Bedeutung.

Als Katrin zurück in ihre Wohnung kam, versuchte sie, einen Platz für die Uhr zu finden. Katrin wusste, dass ihre Mutter beim nächsten Besuch darauf achten würde, was sie damit gemacht hatte, deshalb stellte sie die Uhr auf das Klavier, das sie zur Einschulung von ihren Großeltern bekommen hatte. Dort hatte sie einen Ehrenplatz und war sofort zu sehen. In Wahrheit jedoch hätte sie das Ding am liebsten in den Keller verfrachtet.

Da stand nun diese Uhr auf Katrins Klavier und tickte viel zu laut vor sich hin, als versuche sie, den weichen Fluss der Zeit in präzise harte Stücke zu hacken. Manchmal wirkte es auf Katrin, als würde die Uhr mit ihrem kalten metallischen Zifferblatt auf die gleiche Weise in den Raum starren, wie ihr Vater meistens seine Frau angestarrt hatte. Erst glaubte sie, es wäre Einbildung, doch bald war sich Katrin sicher, dass sie die Uhr sogar noch ticken hörte, wenn sie im Schlafzimmer in ihrem Bett lag.

Wenn Katrin heute zurückblickt, weiß sie, dass diese Uhr ihr Leben nicht zum Positiven veränderte. Tatsächlich hatte sie während der drei Jahre bis zur »endgültigen Entscheidung«, wie Sie es nannte, nur viermal männlichen Besuch in ihrer Wohnung. Keinen davon zweimal. Sie schob das nicht auf die Wirkung der Uhr selbst, denn für einen Besucher war es nur eine unbedeutende Antiquität. Vielmehr ging es um die Wirkung, die dieses tickende Ding in Katrin auslöste. Zusammen mit der Uhr stand nicht nur ihr Vater irgendwie ständig auf diesem Klavier und beobachtete sie, auch die Stimme ihrer Mutter war bei jedem Vorbeigehen in Katrins Kopf präsent. Mit Vater und Mutter als Dauergefühl in sich selbst konnte sie keine Beziehung zu einem Mann aufbauen, das wurde ihr langsam klar.

Nachdem sie eine halbe Stunde vor der Uhr gesessen und innerlich mit ihrem Vater geredet hatte, traf sie, wie sie es für sich nannte, die »endgültige Entscheidung«. Die Uhr wanderte nicht nur in den Keller, Katrin »beerdigte« sie in der Mülltonne. Und weil die Erkenntnis über den Zusammenhang ihrer eigenen Gefühle mit dem Einfluss ihrer Eltern und dem Einfluss der Gegenstände in ihrer Wohnung so grundlegend war, beerdigte Katrin gleich noch einige andere Gegenstände, die sie an Eltern oder verflossene Beziehungen erinnerten, mit.

Je mehr erinnerungsauslösende Dinge die Wohnung verließen, desto freier konnte Katrin atmen. Es fühlte sich auch körperlich so an, als würde eine unsichtbare Last von ihrem Brustkorb genommen. Die Mülltonne vor dem Haus war für solche Aktionen nicht groß genug und so holte sie zwei Wäschekörbe und entsorgte die meisten Andenken und alten Gegenstände aus ihrer Kindheit. Fast war es, als würde sie in eine Art Rausch verfallen, und je mehr sie diesem Rausch folgte, desto leichter und glücklicher fühlte sie sich.

Irgendwann ließ der Rausch der Befreiung nach und in ihr wurde es ruhig. Nicht alles verschwand bei dieser Aktion aus der Wohnung, doch sie wurde deutlich leichter. Katrin war dabei um einiges stärker geworden. Sie fühlte sich nun deutlich unabhängiger und mehr als sie selbst.

In den folgenden Monaten gestaltete sie vieles in ihrer Wohnung neu. Eine Idee beflügelte die nächste und sie ließ es geschehen. Dabei versuchte sie immer wieder sich vorzustellen, wie alles auf einen neuen Mann in ihrem Leben wirken

würde. Zu ihrer eigenen Überraschung bemerkte sie, dass ihr dies egal war. Was sie gerade tat, machte sie nur für sich selbst. Nach einigen Wochen waren die meisten Ideen umgesetzt und in ihr kehrte Ruhe ein. Es war, als wäre ein Teil von ihr selbst mit dieser Veränderung der Wohnung neu geboren worden. Als diese neue Katrin ging sie in die Arbeit, zum Einkaufen und zu Freunden. Sie bemerkte, dass sie - ganz gleich wo sie war - immer wieder an ihre schöne, freie, leichte Wohnung denken musste und dass dies schöne Gefühle in ihr auslöste.
Nach einigen Wochen ergab es sich, dass Reinhold, ein sehr netter Mann und entfernter Arbeitskollege, signalisierte, sich mit Katrin treffen zu wollen. Sie stimmte zu und lud ihn zu sich ein. Dieses Mal war alles anders als bisher. Katrin fühlte sich frei und unbeobachtet, selbstsicher und abenteuerlustig. Reinhold kam nicht nur einmal und es entstand eine sehr schöne Beziehung, die heute noch besteht.
Der Tag als sie über die alte Uhr enschieden hatte, war der erste Tag ihres neuen Lebens geworden.

Die Wirkung aller Dinge und Ihr Herzmagnet

Wir sind noch immer auf dem Weg der Ausrichtung Ihres Lebens nach den Kräften Ihres Herzens. Einen bedeutsamen Teil dieses Lebens haben Sie viele Stunden am Tag nicht nur vor Ihren Augen - er wirkt auch intensiv in Ihr Gefühlsleben hinein: die »Welt Ihrer Dinge«.

Die Art, wie Sie wohnen und mit was Sie sich umgeben, hat mehr Einfluss auf Ihre Gefühle, auf Ihre Ausstrahlung, Ihre Anziehung und letztlich auf Ihr Leben, als Ihnen vielleicht bewusst ist. Es geht dabei nicht um Geld, Prestige oder den optischen Eindruck auf andere. Es geht auch nicht um Geschmack, Nützlichkeit oder um persönlichen Stil. Der Inhalt und die Gestaltung Ihrer Wohnung hat deshalb eine zentrale Bedeutung für Ihr Leben, weil sie viele Stunden am Tag Gefühle in Ihnen erzeugt. Mit diesen »Gefühlen zu den Dingen« laden Sie sich und Ihren Gefühlsmagneten unterbewusst auf und nehmen auf diese Weise die Wirkung mit nach draußen ins Leben. Andere spüren also sozusagen Ihre Wohnung und das Gefühlsgemisch all der Dinge darin zusätzlich zu Ihnen.

Weniger wirkt oft mehr

Ein Gegenstand hat eine Wirkung. Damit können Sie einem Raum, einer Umgebung und letztlich sich selbst Klarheit und Ausrichtung geben. Drei Gegenstände haben drei verschiedene Wirkungen - vielleicht gehen diese zufällig in eine ähnliche

Richtung, vielleicht aber auch in verschiedene. Zehn Gegenstände können zehn Wirkungen haben und damit wäre die Klarheit, Kraft und Ausrichtung jedes einzelnen Gegenstandes praktisch aufgehoben.

Es ist wie mit farbigem Licht: eine einzelne Farbe hat eine sehr deutliche Wirkung. Rot wirkt warm, Blau wirkt kühl. Wenn Sie alle Farben zusammenmischen, kommt Weiß dabei heraus, also die Neutralität. In die Welt der Gegenstände übertragen bedeutet dies: Eine große Menge an Gegenständen, Bildern, Statuen, Sinnsprüchen oder Dekoration hilft nicht automatisch viel, sondern neutralisiert möglicherweise sogar die gewünschte Ausrichtung. Das Wissen um die Wirkung der Dinge können Sie für sich nutzen, falls Sie versuchen möchten, Ihre Umgebung auszurichten, damit auch Ihr Gefühlsmagnet eine klare Sprache aussendet. Wenn Sie also unternehmungslustig sind, könnten Sie das Abenteuer einer Umgestaltung in einem Ihrer Räume oder in einer Hälfte eines Raumes beginnen.

Sarah und die Feng-Shui-Vitrine

Sarah liebte es, sich auf Esoterikmessen umzusehen. All die Farben und Gerüche, all die wundersamen Entdeckungen, die man dort machen konnte. Und die vielen gleichgesinnten Menschen ... Eine solche Veranstaltung war für Sarah immer wieder ein kleiner Urlaub im Alltagsleben.

Sarah liebte es auch, ihr Zuhause so einzurichten und zu dekorieren, dass eine ähnliche Atmosphäre entstand. Zu jedem Gegenstand, der im Laufe der Jahre in ihre Wohnung kam, hatte sie eine persönliche Beziehung. Manche Dinge hatte sie selbst gekauft, weil sie gerade etwas Neues erfahren oder eine neue Erkenntnis gehabt hatte. Anderes bekam sie von einfühlsamen Freunden geschenkt. Wieder anderen Gegenständen schrieb man eine besondere Wirkung zu, von der Sarah etwas spüren wollte, um ihre Lebensqualität zu verbessern.

Sarah verdiente sich zu ihrem Beruf als Angestellte ein wenig Geld als Lebensberaterin dazu. Ein Teil ihrer Leistung bestand darin, mithilfe ihrer Feinfühligkeit für ihre Klienten die richtigen Gegenstände für eine Verbesserung des Wohlbefindens oder Lebenserfolges herauszufinden und mitgeben zu können. Sarahs Praxis lief nicht so gut, wie sie es sich wünschte, und selten kamen neue Klienten und vor allem auch zahlende Klienten zu den alten Bekannten hinzu.

Eines Tages jedoch kam Michaela, eine neue Klientin, die über Sarahs Lebensberatungsseite im Internet zu ihr gefunden hatte.

»Was suchen Sie?«, fragte Sarah, so wie sie es immer zu Beginn tat.

»Klarheit«, antwortete Michaela. »Und ich bin offen dafür, psychologisches und spirituelles Wissen in meinem Leben miteinander zu verbinden. Aber ich bin auch eine Führungskraft in einem großen Unternehmen und mit Verlaub, wenn ich mich bei Ihnen umsehe, finde ich die Klarheit hier bestimmt nicht.«

Michaela verbrachte eine Sitzungsstunde mit Sarah und kam

danach nie wieder. Das war sehr gut, denn nun begann Sarah nachzudenken und sich selbst zu erforschen. Als Lebensberaterin hatte sie immer geglaubt, sie könnte Menschen zu mehr Klarheit in deren Leben verhelfen. Und ja, wenn jemand ihren Stil nicht mochte, musste sie den Menschen nicht am Gehen hindern. Dennoch hatten die Worte der Managerin eine Stelle berührt, die Sarah innerlich aufwirbelte. Michaela war ganz offensichtlich nicht als Klientin, sondern als Sarahs Lehrerin gekommen. Und Sarah war bereit, die Botschaft anzunehmen, denn weniger Umsatz mit der Praxis als im Moment konnte sie sowieso kaum machen.

Was bedeutete »Klarheit«?

Sarah sah sich in ihrer Wohnung um. Eigentlich fand sie alles klar. Jeder Gegenstand, jedes Bild, jede Figur, jedes Muster und jede Farbe hatte eine konkrete Bedeutung und Wirkung. Selbst der jeweilige Platz war nicht zufällig gewählt.

Doch es war auch voll. Und es war vielfältig.

»Warum empfindet ein neuer Besucher in meiner Wohnung keine Klarheit?«, fragte sich Sarah immer wieder, während sie langsam durch ihre Räume streifte.

Einige Tage später kam ihre Freundin Beatrice zu Besuch und Sarah berichtete ihr von der unglücklichen Sitzung. »Weißt du, was sie gemeint haben könnte?«, fragte Sarah.

Beatrice sah sich fragend um, obwohl sie Sarahs Wohnung seit Jahren kannte.

»Weißt du, was mir auffällt?«, sagte sie nach einer Weile. »Viele Dinge kenne ich

schon so lange, dass ich sie innerlich ausgeblendet hatte. Jetzt wo du mich fragst, fällt mir auf, dass vieles gar nicht mehr zusammenpasst.«
Sie nahm eine Löwenfigur, die als Feng-Shui-Symbol Kraft bringen sollte, in die eine und eine indische Götterfigur in die andere Hand. Und mit den beiden stellte sie sich unter eine Art Mobile aus bunten Holzteilchen.
»Wohin soll mich das hier bringen?«, fragte sie absichtlich leicht provozierend. »Nicht im Einzelnen, sondern alles zusammen in diesem Raum? Und noch etwas fällt mir auf: Alle Symbole sind wie Werkzeuge. Sie sollen etwas herbeiführen, was man im Leben haben will. Aber keines ist so wie ...«, sie überlegte einen Moment, »so wie zum Beispiel ein schlichtes Kreuz an der Wand. Ein Kreuz hängt man nicht auf, weil man etwas haben will, sondern weil man sich erinnern will, was Gott ist oder weil man davor beten will. Ich kann es nicht besser ausdrücken.«
Das war auch nicht nötig, denn Sarah hatte verstanden, was ein Teil in ihr überhaupt nicht gerne hören wollte. In all ihren Bemühungen, die Energien positiv zu lenken, hatte sie nicht nur die Klarheit verloren, sondern auch den Dank vergessen. Nicht ein einziger Platz oder Gegenstand in ihrer Wohnung war der höchsten aller Kräfte gewidmet.
Die unzähligen nicht einmal besonders gut zueinander passenden Gegenstände, die sich im Laufe der Zeit angesammelt hatten, wirkten auf einmal so, als wollten sie einem die Luft zum Atmen nehmen. Als würden alle ihre Stimmen gleichzeitig zu einem sprechen. Sarah musste feststellen, dass aus Ihrer

Wohnung eine Art Gemischtwarenvitrine voller Lieblingsgegenstände geworden war.
Gemeinsam mit ihrer Freundin räumte sie das Sprechzimmer vollständig leer. Sie entfernten alle Nägel, füllten alle Löcher an Wänden und Decke und strichen das Zimmer in einer hellen Farbe. Nur drei Gegenstände und nicht mehr als zwei verschiedene Farben erlaubte Beatrice ihrer Freundin als Symbole oder Dekoration und nur einen Gegenstand vor jeder Wand.
Das Ergebnis war deutlich anders, als Sarah es jemals selbst gewählt hatte. Vor dem Raum standen mehrere Kartons mit all den Wirkung verheißenden Gegenständen. Doch im Beratungszimmer, das nun hell, weit und frei war, wirkte nur die Kraft der Klarheit.
In den kommenden Wochen empfand Sarah die Veränderung als so wohltuend, dass sie auch ihre privaten Räume Stück für Stück neu gestaltete. Ihre alten Erinnerungsstücke verschenkte sie, wobei es fast jedes Mal ein intensives Abschiedserlebnis für sie bedeutete. Und jeder Abschied war wie eine Befreiung.

Veränderung wirkt, ganz gleich wo Sie beginnen

Stellen Sie sich vor, Sie wären eine Art Lebenscoach für Suchende. Eines Tages kommt ein Mensch zu Ihnen und sagt: »Zeige mir, wie ich mein Leben verändern kann, aber drei Dinge musst du aussparen: Ich verändere nichts an der Art, wie ich wohne, denn das steht mit dem, was ich erreichen will, in keinem Zusammenhang. Zweitens werde ich von dem, was mir lieb und wertvoll ist, nichts hergeben. Und drittens: Wenn ich mich schon anstrengen muss, dann möchte ich wenigstens vorher wissen, dass es sich auch lohnt.«

Als Berater können Sie Ihrem Klienten dann ein wundervolles Wachstumsfeld aufzeigen: die Veränderungsfreude. Das Ja zum Loslassen, Umgestalten und Neuausrichten.

Wenn Ihnen jemand signalisiert, dass er Veränderung grundsätzlich ablehnt und an das Neue im Leben Bedingungen knüpft, geht es als Allerersten genau um diesen Punkt und nicht um die späteren Ziele.

Doch zurück zu Ihrer Wohnung und all den Dingen, die sich darin befinden. Wenn Sie sich umsehen, werden Sie vielleicht spontan sagen: »Ich finde es hübsch und gemütlich.« Das ist normal, weil Sie all diese Gegenstände über Jahre gesammelt haben und zu den meisten eine Verbindung spüren. Doch was sehen Sie gleichzeitig, wenn Sie sich umsehen?

Ihre Vergangenheit.

*»Spiritualität bedeutet nicht
zu wissen, was man braucht,
sondern einzusehen,
was man nicht braucht.«*

Sokrates
griechischer Philosoph, Athen
* 469 v. Chr. † 399 v. Chr.

Die Erkundung – Wo versteckt sich Vergangenheit?

Gehen Sie in Ruhe einen Teil Ihrer Umgebung durch und untersuchen Sie Stück für Stück die einzelnen Gegenstände. Es geht bei dieser Erkundung darum, zu beobachten, was ein Gegenstand mit Ihrem Gefühlsleben wirklich macht. Es kann mehrere Wirkungen gleichzeitig geben: Löst der Gegenstand neben Erinnerungen, Freude, Wertgefühl oder Ästhetikempfinden noch etwas aus? Ist da vielleicht auch ein versteckter kleiner schmerzlicher Unterton mit enthalten? Dann haben Sie einen Schlüssel entdeckt. Dieser Unterton wirkt ständig in Ihr Gefühlsleben hinein und er wird durch andere Gefühle nicht neutralisiert. Wenn Sie diese Wirkung aus Ihrem Magneten entfernen möchten, müssen Sie den Gegenstand entfernen.

Die Erkenntnis - Alte Zeiten gehen lassen

Jeder Gegenstand in Ihrer Wohnung wurde zu einer bestimmten Zeit und in einer inneren Verfassung angeschafft, die möglicherweise nicht mehr Ihrer heutigen entspricht. Sie haben sich entwickelt und verändert, Sie haben Erkenntnisse gewonnen und sich von bestimmten Lebensabschnitten befreit. Was immer ein Gegenstand sonst noch bedeuten mag - solange Sie empfinden, dass er auch Ihre Vergangenheit dokumentiert, könnte er alte Muster aus dieser Zeit weiter aktiv halten. Die Sache kann sogar im Keller liegen, aber Ihr Unterbewusstsein weiß, dass sie im Keller liegt, und dies hat eine Wirkung. Der Gegenstand wurde nie »verabschiedet« und damit auch nicht die Zeit, in der er eine Bedeutung hatte.

Die Umsetzung - Störungen im Jetzt entfernen

Beerdigen statt wegwerfen

Wenn man etwas, das einen lange begleitet hat, einfach nur »wegwirft« oder »entsorgt«, liegt darin keine Würdigung. Es fühlt sich achtlos an. Das ist der Grund, warum viele Menschen so viele symbolhafte Gegenstände nicht aus ihrem Leben entfernen können. Sie haben das Gefühl, sie würden den Gegenstand und das Andenken, das damit verbunden ist, »entehren«, und so will man sich nicht fühlen. Doch Sie können die alten Dinge aus Ihrem Leben mit Würde entlassen: »Beerdigen« Sie den Gegenstand mit Wertschätzung. Achten Sie das, was er Ihnen einmal bedeutet hat. Er war lange Jahre ein guter Begleiter und nun gehen Ihre Wege auseinander.
So misten Sie nicht nur einfach aus. Sie üben gleichzeitig Ihre

Klarheit und trainieren das Gefühl des bewussten Loslassens. Das ist wichtig, denn wenn Sie vor dem Loslassen wichtiger Dinge Angst haben, werden Sie auch vor dem Loslassen von Menschen Angst haben. Und Angst zieht das an, wovor man Angst hat. Zu üben, alte Dinge und Ihre Vergangenheit loszulassen, erspart Ihnen später vielleicht ein Beziehungsdrama.
Falls ein Gegenstand für andere Menschen noch von Nutzen sein kann, verschwenden Sie seine Ressource nicht. Verkaufen oder verschenken Sie ihn an Menschen, die sich darüber freuen. Wenn es ein erinnerungsträchtiges Schmuckstück ist und Sie es weder anderen Menschen geben noch einfach so entsorgen möchten, fahren Sie an einen schönen Ort in der Natur und geben Sie es an Mutter Erde zurück, denn von dort ist es gekommen. Lassen Sie das Gold oder Silber, den Diamanten oder Rubin zurück nach Hause gehen und danken Sie diesen schönen Stoffen dafür, dass Sie sie nutzen durften.
Anschließend gehen Sie in Ihre Wohnung und spüren die Abwesenheit des alten Begleiters. Vielleicht trauern Sie dann noch ein wenig, so lange, bis es hell und leicht in Ihrem Herzen wird.

Auf die Freude im Herzen hören

Wenn Sie Spaß an einer neuen Idee finden und ihr auch praktisch folgen, wird ein Zeitpunkt kommen, an dem eine Stimme in Ihnen sagt: »Bist du verrückt? Du machst ja alles kaputt. Das ist doch alles noch gut, noch wertvoll, noch schön …« Das ist die Gegenkraft zu dem, was Sie gerade vorhaben. Diese Stimme kommt von dem »Bewahrer«-Anteil in Ihnen, aus den unterbewussten Bereichen Ihres Verstandes. Es ist genau die Stimme, die Ihr

Leben unmerklich schon immer gebremst hat, doch nun, da Sie mit Ihrem Handeln laut und deutlich Ihre Richtung bekennen, wird die bremsende Stimme ebenfalls laut und deutlich. Sie kann sich nicht mehr Undercover verstecken, denn dafür sind Sie gerade zu aktiv und bewegen zu viele Hebel.

Dennoch könnten Sie unsicher werden und sich fragen, ob Sie nicht besser auf diese Stimme hören sollten, vor allem, weil sie über eine enorme Menge an sachlichen Argumenten verfügt. Diese Argumente haben in der Tiefe fast alle mit Angst vor Verlust, Bestrafung und Armut zu tun. Nichts davon ist wahr und nichts davon wird als Folge Ihrer Veränderungen eintreten. Es ist nur eine Stimme und sie tut gerade genau das, wofür Sie erschaffen wurde.

Folgen Sie der anderen Stimme, die nicht in Ihrem Kopf spricht, sondern die Sie in Ihrem Herzen fühlen. Wenn dort Freude wirkt, sind Sie immer auf dem richtigen Weg.

Sie können sich auch vorstellen, Gott würde Sie fragen, welcher großen Sehnsucht Sie im Leben folgen. Und Sie würden antworten: Sieh dir meine Wohnung an und du weißt es.

Fließen, solange der Fluss es will

Vielleicht kommt in Ihnen irgendwann die Frage auf, wie lange Sie denn mit der Veränderung und Schaffung von Klarheit weitermachen sollen? Tun Sie es genau so lange, bis es von selbst anhält! So lange, bis Ihr Gefühl sagt: »So, im Moment ist es genug.« Es kann sein, dass der Fluss morgen wieder beginnt oder in einem Monat. Dann sind Sie wach und bereit, ihm zu folgen.

Der Herzberater und die sechste Erkenntnis

In der Praxis erkennt man immer wieder einen deutlichen Zusammenhang zwischen den Erlebnissen eines Menschen, seinen Gedanken und Gefühlen und seiner Wohnung. Das ist ganz logisch und natürlich, denn für gewöhnlich richtet man sich intuitiv so ein, wie man sich fühlt, und so wie man sich fühlt, wird auch das Leben ablaufen.
Diesen Zusammenhang können Sie für sich nützen, wenn es Ihnen einfach nicht gelingen mag, aus bestimmten Gefühlstiefs herauszukommen. Dann hören Sie einfach auf, sich weiter mit der Veränderung Ihrer Gedanken und Gefühle oder mit der Manifestation Ihrer Wünsche zu beschäftigen, und räumen stattdessen Ihre Wohnung auf. Oder noch besser: Sie gestalten Ihre Wohnung neu. Ein Neustart im Außen führt meistens auch zu einem Neustart im Inneren.

Das Herzensbekenntnis

Was Sie aus dem Geschenk Ihres Lebens machen,
hat für Ihre Seele eine große Bedeutung.
Mit Ihrem Herzensbekenntnis
geben Sie Ihre Kraft und Liebe dorthin,
wo die Seele sich entfalten kann.
Dann verbinden sich
die höchsten Schöpfungskräfte
mit Ihrem Lebensweg.

Ihre Klarheit zieht aus den unzähligen Möglichkeiten im Fluss des Lebens genau diejenigen heraus, die zu Ihnen passen. Und Ihre Bewusstheit darüber, dass Ihr Leben ausschließlich im Jetzt stattfindet, sorgt dafür, dass Ihre alten Gefühle, Erfahrungen und Erinnerungen aus der Vergangenheit immer mehr an Einfluss verlieren.

In Wahrheit existiert Ihre Vergangenheit nicht. Sie ist nur noch als Erinnerung in Ihren Gedanken gespeichert. Diese »alten« Gedanken können jedoch im Hier und Jetzt Gefühle auslösen und damit alte Muster immer weiterlaufen lassen. Auf diese Weise schreibt sich die Vergangenheit selbst immer weiter fort.

Ihr Bewusstsein darüber, dass Vergangenheit nicht real ist und nur das Jetzt tatsächlich existiert, unterbricht diesen Fluss aus alten Gefühlen und Gedanken. Deshalb ist Ihre immer wieder neue Ausrichtung auf das Jetzt eine überaus wertvolle große Übung.

Doch es ist nicht immer ganz einfach, klar und ausgerichtet zu bleiben, wenn viele Menschen, Gefühle, Gedanken und Lebenskräfte an einem zerren. Selbst wenn man sicher weiß, dass es nur das Jetzt gibt und Vergangenheit in Wahrheit nicht existiert, fällt es oft schwer, sich von der Wirkung der Erinnerungen zu befreien. Um Ihren Weg zu unterstützen, können Sie sich selbst eine große Hilfe an die Seite stellen: das »Herzensbekenntnis«.

Sie können es auch das »Grundbekenntnis meines Lebens« nennen. Ein Herzensbekenntnis ist die größte Öffnung, die ein Mensch gegenüber den Schöpfungskräften machen kann. Mit Ihrem Herzensbekenntnis können Sie die Wirkung Ihrer Klarheit gegenüber den großen Lebenskräften deutlich erhöhen und sich gleichzeitig innerlich noch mehr von der Vergangenheit lösen.

Warum Katie ewig wartete

Wenn sich Katie heute, mit vierundfünfzig Jahren, zurückerinnert, fällt ihr als Erstes auf, dass ihre Eltern selten glücklich waren. Katies Vater hatte zuerst ein wenig Probleme mit seinen Arbeitsstellen gehabt. Daraus hatten sich die Probleme mit dem Bier und dem Rotwein entwickelt, die dann schließlich zu den großen Problemen mit seiner Frau und mit Katie geführt hatten. Katie war noch klein gewesen, als das alles angefangen hatte, aber ihr war sehr schnell eines klar geworden: Sie wollte im Leben garantiert keinen Mann mit Schwierigkeiten im Beruf haben, denn so fingen alle Probleme an.
Deshalb entschied sich Katie für einen Beruf, der ihr möglichst viel Stabilität und Sicherheit im Leben versprach, und wählte die Banklehre. Während der Ausbildung lernte sie William kennen und aus dieser erst zweiten größeren Liebe in ihrem Leben wurde eineinhalb Jahre später ihr Mann. Damals war sie zwanzig.

Katie wurde schwanger und schaffte es gerade noch, ihre Lehre abzuschließen, ehe sie sich völlig ihren Mutterpflichten widmete. Das Kind wuchs heran und William erwies sich in Hinsicht auf die Versorgung der neuen Familie als gute Wahl, denn er hatte keine Schwierigkeiten mit seinem Beruf. Im Gegenteil: Er machte Karriere und leitete siebzehn Jahre später mehrere Banken in einer größeren Region. Damit hatte er sehr viel zu tun und war deshalb selten zu Hause. Doch Katie hatte beschlossen, eine gute Frau zu sein, die abends immer auf ihren Mann wartete, um mit ihm die Erlebnisse des Tages zu teilen. Leider war das vor allem ihre Sehnsucht und nicht die seine, denn wenn William nach Hause kam, war er von seinen vielen beruflichen Gesprächen so müde, dass er sich nicht mehr mit seiner Frau unterhalten wollte.

Also sprach Katie, die auch eine gute Mutter war, vor allem mit ihrem Sohn Henry. Doch Henry wurde irgendwann erwachsen und mit neunzehn verließ er das elterliche Haus, um im Ausland zu studieren. Das war der Moment, in dem sich Katie zum ersten Mal wirklich bewusst einsam fühlte. Sie tröstete sich damit, dass sie und William nun vielleicht mehr Zeit füreinander haben würden.

William musste inzwischen beruflich viel repräsentieren, was bedeutete, dass er häufig im Ausland war oder sich abends oft spontane Geschäftsessen ergaben. Meistens so spontan, dass er seine Frau nicht mehr darüber informierte. Und immer wartete Katie mit dem Essen auf ihren Mann, weil sie von sich selbst glaubte, eine gute Frau zu sein. Gute Frauen unterstützen ihre Männer und sind nicht eigennützig, dachte sie.

Seit ihr Sohn das Haus endgültig verlassen hatte, gab es in Katies Abendablauf jedoch einen spürbaren Unterschied: Nun war sie völlig allein und es würde - wenn überhaupt - nur noch ein Mann zu ihr heimkommen statt zwei. Mit dieser Erkenntnis fügte sich zu ihrer Einsamkeit eine unendliche Traurigkeit hinzu.

Katie wusste, dass ihr Mann beruflich viel zu tragen hatte, und wollte ihn nicht mit ihren Gefühlen belasten, zudem sie selbst eigentlich nur den ganzen Tag zu Hause herumsaß und nichts Bedeutsames erlebte. Eigentlich, so bemerkte Katie, war sie selbst gar nichts. Vielleicht würde nicht einmal jemand bemerken, wenn sie plötzlich verschwunden wäre.

Doch Katie war niemand, der so leicht aufgab, und so nahm sie die Rolle, die ihr das Leben offensichtlich zugedacht hatte, tapfer an. Für die folgenden zwölf Jahre kümmerte sie sich brav um den Haushalt, wartete Abend für Abend und schwieg zu ihren Gefühlen. Bis zu dem Tag, als sie die Wäsche machte und dabei die Spur von Schminke am Hemd ihres Mannes entdeckte. Es war nur ein kleiner rosafarbiger Wischer am unteren Hemdsaum. Diese winzige Farbspur schlug auf Katie nieder wie ein zentnerschwerer Hammer. Ihr Mann ging fremd! Wahrscheinlich schon all die Jahre. Und sie hatte zu Hause hoffnungsvoll und gutgläubig gewartet, jeden Abend. Tag um Tag, Monat für Monat, Jahr um Jahr. Zweiunddreißig Jahre lang.

Sie war so wütend, dass sie William noch am selben Abend zur Rede stellte. Nach kurzem Abstreiten gab William zu, dass er, seit sie sich kannten, immer

wieder Affären gehabt hatte. Die vielen Verlockungen, während man allein im Ausland auf Geschäftsreise war, die Tatsache, dass seine Katie sich scheinbar nicht für seinen Beruf interessierte, obwohl der ihm alles bedeutete ... Gründe und gegenseitige Beschuldigungen wurden ausgetauscht und Katie weinte. William beteuerte, sie sei der einzige Mensch auf Erden, mit dem er sein Leben verbringen wollte. Doch Katie nützte das alles wenig. Ihr einziger Gedanke war: »Ich habe zweiunddreißig Jahre meines Lebens mit einer Illusion verschwendet.«

Für die kommenden Tage und Wochen drehte sich in Katies Leben alles nur noch um das Thema, wie sie sich am besten von diesem Mann trennen konnte. Dennoch packte sie ihre Sachen nicht. Nachdem die ersten großen Wellen schmerzhafter Gefühle abgeklungen waren, erforschte sie die leise Stimme in sich, die sie davon abhielt, sich zu trennen. Sie fand heraus, dass es die Liebe war. Sie liebte diesen Mann! Und gleichzeitig hasste sie ihn. Und nun wusste sie gar nicht mehr, was sie tun sollte.

Das war der Moment, in dem in ihr ein Licht aufging und sie erkannte, welchen Teil sie selbst zu der Entwicklung beigetragen hatte: Sie hatte gewartet und gehofft, dass ihr Mann sie sehen würde, anstatt aktiv zu werden und ihr gemeinsames Leben aktiv mitzugestalten. Ihre Entfernung voneinander hatte sich über all die Jahre in fast mikroskopisch kleinen Schritten aufgebaut und beide hatten sie es nicht bemerkt.

Katie wusste, dass trotz all ihres Schmerzes der Zeitpunkt zum Gehen noch nicht gekommen war. Vielleicht war der Zeitpunkt zum Sprechen und sich wirklich Zuhören gekommen.

Und dann würde vielleicht der Zeitpunkt für die kleine Reise kommen, die sie sich vor drei Jahrzehnten vorgenommen und nie gemacht hatten. Vielleicht, dachte Katie, ist da noch eine Chance.

William weinte, als Katie ihm erzählte, wie sie all die Jahre und all die Abende wieder und wieder mit dem gedeckten Tisch auf ihn gewartet hatte. Zum ersten Mal seit fünfundzwanzig Jahren weinte er und gleichzeitig war es, als würde er aus einem langen Albtraum aufwachen, nur um gleich in den nächsten zu stürzen. William wusste nur, dass er die Situation, wie sie gerade ablief, niemals gewollt und doch immer befürchtet hatte. So sehr er auch suchte, er fand einfach keine Erklärung, warum er es so weit hatte kommen lassen.

Die folgenden Wochen und Monate waren für Katie und William keine leichte Zeit, denn sie standen vor der großen gemeinsamen Aufgabe, sich wieder vertrauen zu lernen und einen Weg für die Zukunft zu finden oder sich zu trennen. In vielen Gesprächen mit aufwühlenden Emotionen und Tränen fühlten sie beide den Schmerz, der sich über die vielen unerfüllten Jahre hinweg in ihren Herzen angesammelt hatte.

Gleichzeitig geschah auf einer bislang unbekannten Ebene etwas Neues: Indem einer dem anderen seine Gefühle zeigte und der andere sie miterlebte, entstand eine neue Verbindung. William begann nicht nur einfach, eine Frau zu sehen, die in ihrem gemeinsamen Haus wohnte, das Essen machte und ihm ein schlechtes Gewissen erzeugte, weil sie meistens wartete. Er begann stattdessen die Feinheit und Zerbrechlichkeit der Seele, die ihm gegenübersaß, in seinem Herzen zu fühlen. Dieses

Gefühl war tiefer und berührender als alle Gefühle, die er in den Jahren zuvor mit anderen Frauen erlebt hatte.

Diese feinen und tiefen Gefühle für seine Frau waren der Grund, warum er eine Herzensentscheidung traf, ohne eine Sicherheit zu haben, wie Katie darauf reagieren würde. Er war bereit, alles zu ändern, alles aufzugeben und alles loszulassen, damit sie beide noch einmal von vorn anfangen könnten.

Als Katie es hörte, war sie nicht sicher, was sie mit Williams Bekenntnis anfangen sollte. Sie wusste nur, dass alles sehr wehtat und dass in ihr gleichzeitig noch Liebe für diesen Mann wohnte. Vielleicht reichte das ja aus, um einen neuen Anfang wenigstens zu versuchen, dachte sie.

Heute ist William frühpensioniert. Er und Katie leben noch immer miteinander und gelegentlich machen sie eine Reise. Doch meistens sind sie zusammen in ihrem Haus und in der Umgebung, unternehmen kleine Dinge, gehen regelmäßig essen oder zum Tanzen. Sie tun all das, was scheinbar so normal und unaufgeregt klingt, und gleichzeitig ist es für die beiden ganz besonders, denn sie entdecken dabei gemeinsam und behutsam die Teile vom anderen, die sie all die Jahre übersehen hatten.

»Das Problem ist, dass wir glauben, wir hätten Zeit.«

Siddhartha Gautama
erwachter Weisheitslehrer und
Begründer des Buddhismus
* ca. 563 v. Chr. † ca. 483 v. Chr.

Katie diente ein halbes Leben lang schweigend einer Illusion von Liebe und wartete darauf, dass sie für diese Leistung »erhört« wurde. Machen Sie es nicht wie sie. Entscheiden Sie selbst über Ihre Lebenszeit und Lebenskraft. Machen Sie sich nicht abhängig von der Gunst eines anderen und der Erwartung, dass Sie irgendwann schon »gesehen werden«. Kämpfen Sie nicht um Aufmerksamkeit und Liebe, so geht es nicht. Tief in Ihrem Herzen ist Ihnen das schon lange klar, doch da wirkt gleichzeitig eine zweite Kraft, die Sie immer wieder dazu bringen will, »gut« zu sein und vom anderen bemerkt und anerkannt zu werden. Und wie um es noch schwerer zu machen, bringt einem das Leben oft noch Situationen, die man nicht so schnell erkennt, weil man in winzigen Schritten hineinrutscht.
Hier hilft Ihnen Ihr Herzensbekenntnis und eine klare Ausrichtung, wem oder welcher Kraft Sie Ihr Leben in Wahrheit widmen.

Ihr Herzensbekenntnis und Ihr Herzmagnet

In der Region, in der Sie Ihr Herz fühlen, liegt die Verbindung zu Ihrer Seele. Und es gibt kaum etwas, wofür sich Ihre Seele mehr interessiert als für die Frage, was Sie mit Ihrem Menschenleben anzustellen bereit sind. Ein Herzensbekenntnis ist also ein Seelenbekenntnis. Es ist ein Versprechen von Ihnen an Ihre Seele, in dem Sie erklären, was oder wem Sie dieses Leben widmen. Über die scheinbar einfache Frage »Wem diene ich in Wahrheit?« können Sie viel über Ihre aktuelle Ausrichtung und die Wirkung Ihres Herzmagneten herausfinden. Dabei ist eine feine Unterscheidung wichtig: Es geht hier nicht um Ihre Fragen wie: »Was soll ich tun?« oder »Was ist meine Bestimmung oder mein wahrer Beruf?« oder »Wohin soll ich mich wenden?« Diese Fragen möchten Sie als Mensch vielleicht gerne beantwortet haben und richten sie deshalb an Ihre Seele, an Gott oder an das Leben. Das ist ein guter Weg und Sie können so auch Antworten bekommen. Doch Ihr *Herzensbekenntnis* ist keine Frage. Es ist Ihre ganz persönliche *Antwort*. Sie können es sich so vorstellen: Sie würden vielleicht von Ihrer Seele, von Gott, vom Leben am liebsten wissen, was Sie tun sollen, und statt einer Antwort fragt Sie Ihre Seele, Gott, das Leben erst einmal zurück: »Wem willst du dienen?« Davon hängt alles ab.

Der Dienst des Lebens und Ihre Spiritualität

Auch wenn es um Spiritualität, Religion oder Glauben geht, ist ein solches persönliches Bekenntnis sehr hilfreich. Manchmal neigt man dazu, etwas, was man sehen, hören oder anfassen kann, zum größten Orientierungspunkt im spirituellen Leben zu machen. Bricht dann dieses Symbol oder diese Person weg oder verändert sich deutlich, verliert man vielleicht die Orientierung. Sie könnten sich in solchen Momenten fragen: Wem diene ich in Wahrheit ... Einer Institution? Einer Gemeinschaft? Einer Idee über eine bessere Welt? Einem Würdenträger? Einem speziellen Menschen?

»Aber jene,
die mich mit überfließendem Herzen lieben,
erzielen das Versunkensein in mich
und da sie dann in mir wohnen,
wird ihnen offenbar,
dass ich zugleich in ihnen wohne.«

Bhagavad Gita
zentrale Schrift des Hinduismus,
basierend auf den Veden
(ca. 5. bis 2. Jahrhundert v. Chr.)

Klarheit für Ihr Herzensbekenntnis

Schritt 1: Als erste Übung für Ihre neue Klarheit könnten Sie eine spontane Bestandsaufnahme machen: Schreiben Sie jetzt gleich und ohne lange zu überlegen auf, wem Sie jeden Tag, jede Woche, das Jahr hindurch »dienen«, indem Sie tun, was von Ihnen verlangt und gefordert wird. Berücksichtigen Sie alle Bereiche Ihres Lebens. Vielleicht gehen Sie geistig einen Tag vom Morgen bis zum Abend durch. Und danach noch eine Woche und einen Monat, um alle Punkte zu erfassen.

Schritt 2: Voraussichtlich haben Sie nun eine noch ungeordnete Liste vor sich. Markieren Sie jetzt, ohne lange nachzudenken, alle Punkte, zu denen Sie spontan ein »Ja« im Herzen spüren oder Freude oder Leichtigkeit fühlen.

Schritt 3: Nun haben Sie vor sich die Aufgaben, Menschen und Dinge, denen Sie Ihr Leben gerne widmen, und Sie haben all die anderen. Jeder der Punkte auf dem Blatt vor Ihnen möchte ein Stück von Ihrer Lebenszeit und von Ihrer Lebenskraft haben. Dies sind die Kräfte, die ständig an Ihnen zerren. Wenn Sie versuchen, einfach alles nur möglichst gut zu erfüllen, könnte es sein, dass Sie unglücklich sind, weil zu wenig dabei ist, wozu Ihr Herz freudig »Ja« ruft.
Falls Sie Ihren Herzmagneten noch klarer ausrichten möchten, damit er in Ihr Leben zieht, was Sie sich ersehnen, geht es nun darum, zu entscheiden, wohin Ihre Kraft und Zeit gehen darf.

»Wem oder was diene ich gerne und wem oder was nicht?« Voraussichtlich werden Sie Konflikte entdecken, denn manche Dinge, die Sie eher ungern machen, stehen im Wettbewerb mit denen, die Sie gerne machen oder künftig gerne tun würden.

Schritt 4: Die Punkte auf Ihrer Lebensliste sind im Moment die Kräfte, denen Sie »dienen«. Vieles davon kann man nicht einfach beenden, denn Sie müssen damit vielleicht Ihren Lebensunterhalt verdienen oder bestimmte Verpflichtungen einhalten. Was Sie jedoch tun können, ist, Entscheidungen zu treffen, mit denen Sie Ihre Herzenskraft klar und kraftvoll ausrichten. Sie könnten dann entscheiden, Ja zu einer Arbeit zu sagen, allein schon deshalb, weil Sie sie ernährt. Dafür kann man dankbar sein. Doch Sie müssen nicht Ja zu jedem Verhalten einer Person in dieser Arbeit sagen. Ja, Sie dienen Ihrem Leben und Ihrem Selbsterhalt. Und nein, kein anderer Mensch ist Ihr Herr.

Kurztest: Ausstrahlung und Wirkung des Herzensbekenntnisses spüren

Die Wirkung in Ihrem Inneren:

Wie fühlt sich für Sie folgender Satz an:

»Ich habe nur einen obersten Chef und das bin ich allein.«

Und nun spüren Sie, wie sich folgendes Bekenntnis anfühlt:

»Ich habe nur einen obersten Chef und das ist meine Seele/Gott.«

Finden Sie heraus, bei welchem ganz persönlichen inneren Bekenntnis Sie sich mehr mit Ihrem Leben oder Ihrer Seele verbunden fühlen. Worin liegt mehr Herzensqualität oder mehr Freude? Worin liegt mehr Liebe und Wärme? Mit diesem Gefühlsvergleichs-»Werkzeug« können Sie für sich selbst deutlich an Klarheit gewinnen.

Die Wirkung nach außen:
Und nun denken Sie »in Herzmagnet«, also in Anziehung: Mit welchem Bekenntnis würden Sie voraussichtlich welche Typen von Menschen anziehen?
»Ich habe nur einen obersten Chef und das bin ich allein.«
»Ich habe nur einen obersten Chef und das ist mein Herz.«
»Ich habe nur einen obersten Chef und das ist meine Arbeit.«
»Ich habe nur einen obersten Chef und das ist mein Gewissen.«
»Ich habe nur einen obersten Chef und das sind derzeit meine Schulden.«
»Ich habe nur einen obersten Chef und das ist meine Lebensaufgabe.«
»Ich habe nur einen obersten Chef und das ist die Liebe.«
»Ich habe nur einen obersten Chef und das ist meine Familie.«
»Ich habe nur einen obersten Chef und das ist meine Seele.
»Ich habe nur einen obersten Chef und das ist die Unendlichkeit.«

Fühlen Sie Unterschiede? In manchen Aussagen werden Sie im Herzen ein Ja oder Leichtigkeit oder Freude spüren und bei manchen Aussagen wird sich Ihr Herz eher beengt oder belastet anfühlen. In keiner Aussage liegt eine Verurteilung oder Bewertung, alles ist völlig in Ordnung. Sie erleben einfach nur, wie die Kräfte in Ihrem Inneren sich passend zu Ihrem Bekenntnis ausrichten und anfühlen.

Genau dieses Gefühl werden andere Menschen an Ihnen spüren und sich davon angezogen oder ferngehalten fühlen.

»Tu erst das Notwendige, dann das Mögliche und plötzlich schaffst du das Unmögliche.«

Franz von Assisi
Gründer des Ordens der Minderen Brüder
* ca. 1181/1182 † 03. 10. 1226

Achtung: Falle

Zum wem oder was bekenne ich mich? Wenn man sich über diese Entscheidung klar werden möchte, erzeugt der Verstand manchmal eine Art Falle: Als die Stelle, zu der er sich bekennt und der er bereit ist zu dienen, wählt er sich selbst und sagt: »Ich diene mir allein.« Damit hebelt er das Bekenntnis zu den Kräften in Ihrem Leben aus. Sie können nicht sich selbst dienen, denn Sie sind keine einsame Insel. Sie sind weder ohne Seele noch ohne höhere Kräfte, noch ohne andere Menschen. Mit dem Gedanken, vor allem sich selbst zu dienen, würden Sie sich von der Welt isolieren.

Thomas und das halbe Bekenntnis

Thomas war das Kind einer Beamtenfamilie. Vorsicht, Zurückhaltung, Fleiß, Planung und Sicherheit waren die Bausteine, die ihm seine Eltern für ein »richtiges« Leben mitgaben. Aus dieser Enge wollte er sich befreien. Thomas studierte Wirtschaft, ein Jahr davon an einer angesehenen Universität im Ausland. Sein Ehrgeiz, ein wacher Verstand und sein hervorragendes Organisationstalent brachten ihn schnell an verantwortungsvolle Positionen. Doch so viel Erfolg er im Beruf auch hatte, so unerfüllend erlebte er sein Liebesleben. Meist brachte er es nur zu losen Beziehungen mit Frauen, die er in seinem Berufsumfeld kennenlernte, Frauen, die, wie er selbst, erfolgreich und beruflich eingebunden waren. Doch eines Tages hatte er Glück und begegnete auf einem Kongress Chloe, einer bezaubernden jungen Projektmanagerin. Die beiden verliebten sich ineinander und zum ersten Mal hatte Thomas eine Frau gefunden, die nicht sonderlich an ihrer eigenen beruflichen Karriere interessiert war. Chloe wollte eine Familie. Chloe wollte mindestens zwei Kinder.
Auch Thomas hatte immer davon geträumt, nach getaner Arbeit zu einer liebenden Frau und seinen Kindern heimkehren zu können - eine Insel der Geborgenheit im anstrengenden Meer des Geschäftslebens. Thomas und Chloe erkannten, dass sie mit der Familienidee eine große gemeinsame Sehnsucht teilten. Sie heirateten und einige Monate später war ein Kind unterwegs.
Thomas surfte seit einigen Jahren auf einer deutlichen Karrie-

rewelle und natürlich wollte er seine beruflichen Ziele nicht aufgeben müssen. Seit Chloe in sein Leben getreten war, hatte er einen Konflikt. Einerseits bedeutete eine eigene Familie die Erfüllung seiner noch offenen Wünsche. Andererseits fehlte ihm nun ganz eindeutig einiges an Zeit für seine Arbeit. Wo er früher spontan genickt hatte, wenn es darum ging, für ein paar Wochen ein Projekt im Ausland zu übernehmen, zögerte er heute, weil er befürchtete, damit auf Dauer seine Beziehung zu Chloe zu ruinieren.

Als erfolgreicher Manager wusste Thomas, dass dauerhaft ungeklärte Situationen irgendwann ziemlich schiefgehen konnten. Und er wusste um die enorme Kraft innerer Klarheit und deutlicher Bekenntnisse. Damit hatte er bislang immer Erfolg gehabt und damit würde er auch in seinem Privatleben für Klarheit und Ordnung sorgen.

Thomas beschloss, zwei völlig klare Bekenntnisse abzugeben. Eines gegenüber Chloe und dem bald ankommenden Kind. Und eines gegenüber sich selbst und seinem Beruf.

»Chloe, ich habe etwas Wichtiges beschlossen«, sagte er eines Abends. »Ich werde dafür sorgen, dass es uns allen an nichts fehlen wird. Wir werden ein Haus haben und du wirst dich voll und ganz um unser Kind kümmern können. Damit ich das schaffen kann, muss ich den Rücken frei haben. Ich brauche dein Bekenntnis dazu, dass ich ohne schlechtes Gewissen meiner Arbeit folgen kann, ganz gleich, was sie auch von mir fordern mag.«

Die schwangere Chloe wusste nicht so recht, warum Thomas eine solche Forderung überhaupt stellte, denn selbstverständlich stand sie hinter ihrem Mann und war dankbar dafür, dass er ihnen ein schönes Leben ermöglichte.

»Thomas, um mich brauchst du dir keine Sorgen zu machen«, sagte Chloe. »Ich liebe dich und unser Kind über alles und ich bin froh, dass du eine so gute Stelle hast.«

Thomas war erleichtert. Endlich hatte er wieder Klarheit geschaffen, vor allem in sich selbst. So hatte er es sich immer gewünscht.

Die Zeit verging und es gab keine Notwendigkeit, dieses Thema noch mal anzusprechen. Drei Jahre später war Chloe mit einem zweiten Kind schwanger und Thomas wurde wieder einmal zusammen mit einem Kollegen auf eine mehrwöchige Auslandsreise geschickt. Die beiden kamen sich beim abendlichen Bier näher und irgendwann fragte der Kollege, ob Thomas' Frau denn kein Problem damit hätte, wenn ihr Mann so lange von zu Hause weg wäre.

»Ich bin für Klarheit und habe mit meiner Frau ein Abkommen getroffen«, antwortete Thomas in seinem gewohnt energischen Tonfall. »Sie bekommt ihren großen Wunsch erfüllt und darf sich völlig frei von anderen Pflichten ungestört um die Kinder kümmern. Und ich darf mich frei und ungestört meinem Beruf widmen. Du kennst unseren Job … Man erwartet vollen Einsatz oder ein anderer wird es übernehmen. Meine Frau versteht das und trägt das mit. Wir haben da eine klare Vereinbarung getroffen.«

»Liebst du deine Frau?«, erkundigte sich der Kollege.

Thomas, der normalerweise nie um eine schnelle Antwort verlegen war, hielt einen Moment überrascht inne.
»Was für eine Frage …«, antwortete er dann. »Selbstverständlich liebe ich meine Frau. Und meine Kinder! Meine Familie bedeutet mir alles. Würde ich sonst so viel für sie arbeiten?«
So verliefen die Leben von Thomas und Chloe wie vereinbart und scheinbar ohne größere Probleme weiter. Fünf Jahre nach der Geburt ihres zweiten Kindes lernte Chloe Werner kennen, einen netten Mann, der beruflich Kunden eines Versandhauses betreute und Aufträge bearbeitete. Werner war kein Manager, aber er war da. Und Thomas war unterwegs.
Im Kontakt mit Werner merkte Chloe, dass ihr im Laufe der Jahre etwas abhandengekommen war: das Gefühl, dass jemand Zeit und Interesse für sie hatte, und Freude an den ganz einfachen Dingen im Leben. Aus der Bekanntschaft mit Werner wurde Freundschaft und aus Freundschaft wurde Sehnsucht.
Die beiden begannen keine Beziehung, weil Chloe zu ihrem Mann stand und die Familie nicht gefährden wollte. Stattdessen erzählte sie Thomas von ihren unerfüllten Sehnsüchten, von ihrer inneren Einsamkeit, trotz des ausgefüllten Tages. Irgendwie fühlte sie sich vielmehr als Haus- und Kindermanagerin denn als geliebte Ehefrau und Mutter. Was ihr fehlte, war ganz einfach ein Partner, der auch wirklich an ihrer Seite war.
Chloe war eine offene und faire Frau und sie berichtete Thomas immer wieder vorsichtig von ihren Wünschen und Nöten. Doch Thomas verstand einfach nicht, was ihr fehlte. In seinen Augen ging es doch allen gut und er machte nichts falsch.
Die Beziehung zwischen Chloe und Thomas ging nach einem

weiteren Jahr auseinander. Thomas hat bis heute noch nicht verstanden, warum die Klarheit seiner Vereinbarung mit Chloe letztlich nicht funktioniert hat. Chloe lebt inzwischen seit elf Jahren glücklich mit Werner zusammen. Das Geheimnis ihrer andauernden Liebe ist ihr Herzensbekenntnis zueinander. Beide hatten zuvor Ähnliches erlebt und daraus dieselbe grundlegende Entscheidung getroffen: Sie würden niemandem und nichts erlauben, ihnen etwas von ihrer gemeinsam verbrachten Lebenszeit zu nehmen, ganz gleich, welche Verlockungen oder Argumente das Leben ihnen antragen würde. Dieses Bekenntnis hat Chloe und Werner über all die Jahre hinweg immer wieder Klarheit, Sinn und Ausrichtung für ihre Beziehung gegeben.

Der Zusammenhang von Kind, Karriere und Liebe

Es gibt sehr detaillierte Langzeituntersuchungen von Paaren, die zu Eltern wurden. Statistiken und Untersuchungen sind immer sehr mit Vorsicht zu genießen, doch ein Zusammenhang ist überdeutlich: Wenn ein Mann und eine Frau die sogenannte Kind-Karriere-Vereinbarung treffen, ist es überaus wahrscheinlich, dass die Beziehung auseinandergehen wird. Diese oft stillschweigend oder unbewusst getroffene Vereinbarung zwischen den Partnern ist sehr einfach: Die Frau darf das Kind haben, der Mann verspricht, für

beide zu sorgen. Als Gegenleistung darf er möglichst ungestört seiner Karriere folgen. Wenn der Mann nach Hause kommt, wird er sich ein wenig mit seinem Kind beschäftigen und die schönen Seiten des Elternseins genießen. Das kindliche Lächeln wird ihn berühren und er wird die tiefe Liebe eines Vaters in sich spüren. Natürlich ist er in seiner Freizeit abgespannt und ruhebedürftig und wenn es ihm zu viel wird, übergibt er das Kind wieder seiner Partnerin und geht seinen Angelegenheiten nach. Für die Verbindung zu seiner Frau, die eigentlich seine Lebensgefährtin sein möchte, bleibt dabei nur noch wenig Zeit.

Dieser Ablauf hat zunächst einmal nichts mit Liebe zu tun, sondern ist ein ganz einfaches Nutzenabkommen. Wenn sich beide Teile klar sind, dass sie ein solches Nutzenabkommen treffen, kann es klappen. Falls jedoch nur einer der beiden der Illusion erliegt, der andere würde aus Liebe handeln, wird die Beziehung unter Spannung stehen. Je unerfüllender sie wird, desto mehr lenken sich beide Partner mit ihrem jeweiligen Handelsabkommen ab: Die Frau wird ihre Liebe immer mehr in die Kinder hineingeben und der Mann in seine Karriere. Die zu Beginn kraftvollen und liebevollen Bande werden immer dünner.

Kinder kitten keine Beziehung. Kinder binden nur die Erwachsenen über die gemeinsame neue Pflicht aneinander. Durch gemeinsame Kinder wird eine kranke Beziehung nicht gesunden. Es wird die neuen Eltern nur für eine Weile von ihrem Problem miteinander ablenken. Ein Kind verschafft einer Beziehung, die eigentlich gerade dabei ist, auseinanderzugehen, einen »Aufschub« von etwa drei bis fünf Jahren. Wenn ein zweites Kind kommt, verlängert es diesen Aufschub vielleicht noch etwas oder es lässt die unterdrückten Themen endgültig hochgehen. Vater oder Mutter zu sein und den Traum einer eigenen Familie zu erleben ist eines der schönsten Erlebnisse, die man als Mensch haben kann. Wenn dieser Traum Bestand haben soll, braucht er eine Basis, die auch ohne Kind bereits bestehen sollte.

Ihr Weg zu mehr Klarheit über Ihr Herzensbekenntnis

Die Erkundung

Irgendwem oder irgendetwas »dienen« Sie immer. Oft unbewusst. Doch zu viele Herrschaften verwirren Ihre innere Klarheit und Ausrichtung. Machen Sie sich das immer wieder bewusst und schreiben Sie sich auf, wem Sie dienen, damit Sie selbst die Realität klar sehen können. Diese Liste ist wie ein Merkzettel, in welchen Situationen und Beziehungen in Ihrem Leben Sie sich anders und klarer ausrichten können. Wem opfern Sie täglich/wöchentlich Ihre Zeit, Ihre Kraft, Ihre Träume ...

Die Erkenntnis

Wo hoffen Sie auf eine Verbesserung und gleichzeitig ändern Sie selbst nichts Grundlegendes an der Situation? Warum ändern Sie nichts? Oft, weil es wehtun wird. Doch wehtun ist in diesem Fall sehr gut, denn es zeigt Ihnen genau den Punkt, an dem Sie etwas verändern können. Wehtun ist das Gegenteil von Glück und wenn Sie etwas beseitigen, das Ihnen Schmerzen zufügt, werden Sie danach ein deutlich schöneres Leben haben. Es ist, wie wenn ein Finger wehtut, weil der Dorn einer Rose darin steckt. Sie wissen, dass das Herausziehen des Dorns den Schmerz für einen Augenblick noch erhöhen wird, und dennoch tun Sie es. Warum? Weil *hinter* dem Schmerz die Erlösung liegt, nicht davor.

Die Umsetzung

Wenn Sie sich neu, klar und kraftvoll ausrichten, werden Sie ganz sicher zwei entscheidenden Lebensfragen gegenüberstehen.

- Was will ich vom Leben?
- Was bin ich bereit, dafür zu opfern/zu geben?

Wieder sind diese Fragen Ihr Zentralschlüssel. Denn sobald Sie sich auf ein oder zwei innere Bekenntnisse ausrichten, um Klarheit in Ihren Lebensmagneten zu bringen, müssen Sie automatisch andere, vielleicht halbherzige oder erzwungene Bekenntnisse opfern. Es kann gut sein, dass Ihre neue Klarheit eine bislang vor sich hinlaufende Lebenssituation oder Beziehung an einen Punkt der Entscheidung bringt.

Geben Sie sich Zeit, wo Zeit für Erkenntnis gebraucht wird, aber »warten« Sie nicht. Nicht auf ein besseres Leben und nicht auf eine andere Person. Die Bewegung in Ihrem Leben führt zu Erfüllung, nicht das Warten. Wenn Sie auf die Gunst eines anderen warten, machen Sie sich unnötig klein. Prüfen Sie stattdessen nach: Wo haben Sie noch innere Erwartungen laufen? Jede Erwartung an einen anderen zieht am Ende Enttäuschung an. Vielleicht können Sie eine innere Erwartung erkennen und ihr dadurch die Wirkung nehmen?

Der Herzberater und die siebte Erkenntnis

Sie können letztlich nur »einem Herren« wirklich gut dienen. Doch die Welt fordert oft Unmögliches und viele melden sich. Manchmal versucht man dann, dieses Unmögliche zu schaffen und alle Anforderungen gleichzeitig in einem Lebensabschnitt unterzubringen. Man verhandelt mit den beteiligten Menschen und versucht, eine Lösung zu erschaffen, der alle zustimmen. Doch die Liebe, Ihre Seele oder Gott lassen nicht mit sich handeln. Und so teilt das Leben sich dann wie von selbst in Abschnitte auf. Einen Abschnitt, in dem es den Handel ablaufen lässt, damit die Beteiligten erkennen, wie sich dies anfühlt. Und einen nächsten Abschnitt, in dem es den Handel auflöst, damit man erleben kann, wie sich die Freiheit danach anfühlt.

Das Wissen um die Bedeutung Ihres »Lebensdienstes« hilft Ihnen, frühzeitig diejenigen Menschen anzuziehen, die sich ähnlich zu Ihnen ausgerichtet haben. Ob jemand nur sagt: »Ich liebe Kinder und möchte eine Familie« oder ob er sich tief in seinem Herzen dazu bekannt hat, diesen Wunsch an oberste Stelle zu setzen und dafür auf anderes zu verzichten, erkennen Sie oft nicht so leicht. Zu viele Interessen können gleichzeitig in jemandem wirken und ihn sogar selbst glauben lassen, er würde genau dies als oberstes Ziel haben.

Treffen Sie Ihre persönliche Herzensentscheidung nur für sich selbst. Dann wird Ihr Magnet wirken und andere werden sie erkennen.

Ihre Fragen sind der Schlüssel

Wäre das Leben einfacher, wenn Ihr Herz in der Lage wäre, zu Ihnen in Worten zu sprechen? Nein, denn was Ihr Herz in der Lage ist zu übermitteln ist in Umfang, Intensität, Tiefe und Klarheit allen Worten um ein Vielfaches überlegen. Ihr Herzensgefühl beinhaltet zu einer bestimmten Frage in nur einem einzigen kurzen Impuls alle Informationen für alle Aspekte Ihres Daseins gleichzeitig. Die am einfachsten zu erkennende Sprache Ihres Herzens ist ein gefühltes Ja, in Form von Freude oder Liebe oder ein gefühltes Nein in Form von Bedrückung oder Angst.

Ihre Aufgabe liegt nicht darin, die Botschaften Ihres Herzens entschlüsseln zu lernen, denn das können Sie bereits. Ihre Aufgabe ist es, sich selbst die richtigen Fragen zu stellen, und dies gelingt Ihnen umso besser, je mehr Sie wissen, was man überhaupt erkunden könnte.

Die inneren Widerstände und die äußeren Gegenkräfte, der Ausgleich der Lebenswaage, die Wirkung der Umgebung und die der Menschen auf den Plätzen Ihres Lebensnetzwerkes - und dazu Ihr Herzensbekenntnis ... Das Wissen um diese Zusammenhänge ermöglicht es Ihnen, Ihrem Herzen die richtigen Fragen zu stellen. Ganz sicher wird es Sie auf allen Ihren Wegen immer bestens beraten. Mögen Sie es immer im richtigen Moment fühlen.

Gute Reise.

Mehr von Ruediger Schache:

Die 7 Schleier vor der Wahrheit
200 Seiten, durchg. vierfarbig, bibliophil gestaltet
ISBN 978-3-485-01182-2

Das Geheimnis des Herzmagneten
208 Seiten, durchg. vierfarbig, bibliophil gestaltet
ISBN 978-3-485-01149-5

◂ 4 CDs
ISBN
978-3-7844-4201-3

4 CDs ▸
ISBN
978-3-7844-4188-7

7x7 Inspirations- und Weisheitskarten ▾
ISBN 978-3-485-01199-0

52 Sinn- und Antwortkarten ▸
ISBN 978-3-485-01163-1